Teoría fraseológica y lenguaje figurado en España y en China

Lei Chunyi

GRANADA LINGVISTICA

Granada 2017

DIRECTORES DE LA COLECCIÓN: Juan de Dios Luque Durán y Antonio Pamies Bertrán

Autora: LEI Chunyi

ISBN: 978-84-92782-49-9
Dep. Legal: GR-1028-2017

Publicado por: Granada Lingvistica
Distribuye EDUCATORI c./ Guevara Pozo 2, bajo, E-18001 Granada
Tel +34-958-274097
www.educatori.es <educatori@educatori.es>

© GRANADA LINGVISTICA

Primera edición 2017

Todos los derechos reservados. Queda rigurosamente prohibida, sin la autorización escrita de los titulares del copyright, bajo las sanciones establecidas en las leyes, la reproducción total o parcial de esta obra por cualquier medio o procedimiento, ya sea electrónico o mecánico, el tratamiento informático, el alquiler o cualquier otra forma de cesión de la obra.

Entidades colaboradoras: Junta de Andalucía (G.I.L.T.E. HUM-422)

Dedico este libro a:

Mis padres por mostrarme el camino hacia la superación,
Mis hermanos, por su cariño y apoyo incondicional,
Mi director de tesis, por su confianza y gran ayuda,
Todos los profesores que me han inspirado y ayudado a llegar más lejos,
Mis amigos por permitirme aprender más de la vida a su lado, por su generosidad y lealtad,
Todos los que aman las lenguas y quieren acercarse a ellas o aspiran a investigarlas.

Comité Científico:

Juan de Dios Luque Durán, Universidad de Granada, España

Antonio Pamies Bertrán, Universidad de Granada, España

Dmitrij Dobrovol'skij, Academia de Ciencias de Rusia

Rosemeire Monteiro, Universidad Federal de Ceará, Fortaleza, Brasil

Mirella Conenna, Universidad de Bari, Italia

Julia Sevilla Muñoz, Universidad Complutense de Madrid, España

Carmen Mellado Blanco, Universidad de Santiago de Compostela, España

María Isabel González Rey, Universidad de Santiago de Compostela

Luis Luque Toro, Universidad Ca Foscari de Venecia, Italia

Índice

1. La Fraseología ··· 11
   1.1. La fraseología y sus categorías en las teorías occidentales y españolas ··· 12
      1.1.1. La taxonomía de Julio Casares (1950) ··· 12
      1.1.2. La taxonomía de Alberto Zuluaga Ospina (1980) ··· 14
      1.1.3. La taxonomía de Julia Sevilla Muñoz (1993) ··· 16
      1.1.4. La taxonomía de Gloria Corpas Pastor (1996) ··· 18
      1.1.5. La taxonomía de Antonio Pamies Bertrán (2007, 2014) ··· 24
   1.2. La teoría fraseológica china y su taxonomía ··· 31
      1.2.1. El concepto de chengyu ··· 32
         1.2.1.1. Las teorías tradicionales ··· 33
         1.2.1.2. La teoría de Sun Weizhang (1989) ··· 39
         1.2.1.3. Algunas teorías modernas ··· 46
      1.2.2. El concepto de shuyu (熟语) ··· 48
         1.2.2.1. La taxonomía de Wang Dechun (1983) ··· 49
         1.2.2.2. La taxonomía de Zhou Jian (1988) ··· 51
         1.2.2.3. Las cuatro maneras principales de clasificar los fraseologismos (antes de 1989) ··· 53
         1.2.2.4. La taxonomía de Sun Weizhang (1989) ··· 56
         1.2.2.5. La taxonomía de Yao Xiyuan (2013) ··· 61
         1.2.2.6. La taxonomía de Wu Fan (2014) ··· 64
         1.2.2.7. El enfoque cuantitativo y estadístico (Zhu & Fellbaum 2014) ··· 69
      1.2.3. La fraseografía china ··· 72
         1.2.3.1. Los primeros trabajos occidentales sobre la fraseografía china ··· 77
         1.2.3.2. Diccionarios bilingües generales de español-chino ··· 83
         1.2.3.3. Los diccionarios fraseológicos propiamente dichos (chino-español) ··· 84
   1.3. La equivalencia y la traducción de los frasemas ··· 86
      1.3.1. La intraducibilidad de los frasemas ··· 86
      1.3.2. La equivalencia de traducción ··· 90
         1.3.2.1. Las equivalencias para Gloria Corpas ··· 90
         1.3.2.2. Las equivalencias para Julia y Manuel Sevilla Muñoz ··· 92
         1.3.2.3. Las equivalencias para Chen Zhi ··· 94

2. Metáfora y archi-Metáfora ··· 99
   2.1. Los modelos metafóricos recurrentes ··· 99
   2.2. Los estudios de la metáfora en China ··· 101
   2.3. Metáfora y motivación ··· 103
   2.4. Aplicación contrastiva de la archimetáfora ··· 105

Bibliografía ··· **121**

Prólogo

El concepto de fraseología es bastante tardío en el plano teórico. Sin embargo, existen precedentes antiguos en las colecciones, tanto en español como en chino. Al investigar la fraseología y el lenguaje figurado comparando estos idiomas, es necesario e importante tener en cuenta las teorías que se han desarrollado en estas dos tierras tan lejanas. Es por este motivo que hemos elegido algunas de las más clásicas y famosas. Esperamos que este libro resulte útil para fraseólogos, sinólogos, hispanistas, traductólogos, tipólogos y lingüistas generalistas, así como para los expertos en didáctica de las lenguas china y española.

Este libro procede de una parte de mi tesis doctoral titulada *Estudio Contrastivo Linguo-Cultural del Lenguaje Figurado en Español y en Chino: Nombres y Fraseologismos Zoonímicos y Fitonímicos*, que fue defendida en la Universidad de Granada en abril de 2017, bajo la dirección del doctor Antonio Pamies Bertrán. En él se tratan principalmente las teorías asociadas con la fraseología y la metáfora en España y en China, y está compuesto por dos secciones.

La primera sección está dedicada a un breve repaso metalingüístico de las teorías que se han ocupado de la fraseología, empezando por las teorías "occidentales" y españolas sobre la propia definición de la fraseología y sus subcategorías, analizando por orden cronológico las distintas taxonomías propuestas por los autores más influyentes. Seguidamente se examina la teoría fraseológica china y sus taxonomías. Esta parte, a su vez, consta de tres apartados, en los que trata con detalle los conceptos de *chengyu* (成语) y *shuyu* (熟语), y se revisa la fraseografía china de diferentes épocas.

Por último, se aborda la equivalencia interlingüística y la traducción de los frasemas, empezando por la llamada *intraducibilidad* de los frasemas, y las diferentes propuestas acerca de los tipos de equivalencia de traducción. La segunda sección estudia las polémicas recientes acerca del propio concepto de metáfora. Empezamos por los modelos metafóricos recurrentes, seguidamente presentamos los estudios de la metáfora en China, luego explicamos la motivación metafórica y, por último, estudiamos los problemas de aplicación de la metodología contrastiva a la fraseología a través del análisis linguo-cultural.

Esta obra es un trabajo realizado en el marco de los estudios interlingüísticos e interculturales desarrollados por el Grupo de Investigación de Lingüística Tipológica y Experimental (GILTE) de la Universidad de Granada, bajo la dirección de Juan de Dios Luque Durán. Este grupo lleva dos décadas dedicado a la investigación del léxico y la fraseología, así como de los aspectos culturales de las lenguas, dando lugar a una larga serie de conferencias, ponencias, cursos de máster, seminarios, congresos, dirección de tesinas y tesis doctorales. El GILTE cuenta con un nutrido grupo de colaboradores, algunos de ellos de la Universidad de Granada y también de otras universidades del mundo: San Petersburgo, Venecia, Évora, Leipzig, México D.F., Valparaíso, Ammán, Tokyo, París, Fortaleza, Belgrado, Verona, Ljubljana, Bagdad, Brasilia, Buenos Aires, Beijing, etc.

Lei Chunyi (雷春仪)
Granada, julio de 2017

Abreviaturas, siglas y marcación:

* = significado literal (palabra por palabra)
" " = significado figurado
apud. = citado en
cf. = véase
chn. = chino
cnt. = cantonés
dir. = director
ed. = editor / edición
ej. = ejemplo
esp. = español
et al. = y otros
fr. = francés
ibid. = misma obra en la misma página
ing. = inglés
LM = lengua meta
LO = lengua origen
N° = número
op. cit = en la obra citada justo antes
p. = página
p.ej. = por ejemplo
PART. = partícula
Reed. = reedición
SUF. = sufijo
UF(s) = unidad(es) fraseológica(s)
vol. = volumen

1. LA FRASEOLOGÍA

El concepto de fraseología es muy tardío en el plano teórico, sin embargo existen precedentes bastante antiguos en las colecciones que aparecen desde finales de la Edad Media, dedicadas a los proverbios, como *Refranes que dizen las viejas tras el fuego*, de Iñigo López de Mendoza (Marqués de Santillana) (1541). Otras obras, como el *Teatro Universal de proverbios* de Horozco (1986), pese a su título, mezclaban refranes y locuciones. La primera obra maestra de la paremiología española es el diccionario *Vocabulario de refranes y frases proverbiales* de Gonzalo Correas (1627). Contiene más de 25.000 entradas, pero fue posiblemente una obra inacabada. La mayoría de ellas tiene una definición muy precisa, y un buen número de locuciones se mezclan con los proverbios, ya que entonces no había criterios científicos para distinguirlos.

El *Diccionario de Autoridades de la Real Academia Española* (DRAE), engloba 6 grandes volúmenes que contienen una gran cantidad de información fraseológica. Los diccionarios académicos de ediciones recientes todavía contienen muchos proverbios, locuciones y colocaciones, pero les prestan una menor atención a las unidades fraseológicas que en la edición de 1726, tanto en sentido cuantitativo como en sentido cualitativo.

Seco, Andrés & Ramos (2004) publicaron poco después un diccionario fraseológico con ejemplos reales de uso para cada acepción. *El Diccionario fraseológico documentado del español actual* (Seco, Andrés & Ramos 2004) trata de manera amplia y específica las unidades fraseológicas. Hoy en día, este diccionario es el más completo en su género para el español. Concebido como un complemento necesario de los diccionarios corrientes, contiene unas 16.000 unidades y variantes de UFs españolas de uso contemporáneo cuya existencia real está acreditada en escritos de los últimos cincuenta años. La colección fraseológica registrada recoge locuciones y modismos españoles pertenecientes al uso de España pero no los privativos de América.

En cuanto a la etimología, son famosas las obras *El Porqué de los Dichos* (Iribarren 1956) y *Cuento de Cuentos* (Luján 1984), aunque se centran sólo en aquellas unidades más opacas, cuya motivación resulta más "misteriosa".

Los diccionarios bilingües prestaron atención a la fraseología antes que los monolingües. Hoy existen algunos muy completos para las parejas español-ruso, español-francés o español-alemán[1].

1.1. La fraseología y sus categorías en las teorías occidentales y españolas

1.1.1. La taxonomía de Julio Casares (1950)

El primer trabajo teórico sobre la fraseología del español es el de Julio Casares (1950), con una concepción "amplia" del concepto, llamado *expresión pluriverbal* y *fórmula pluriverbal*. Se distinguen tres tipos principales de unidades que son *locución*, *frase proverbial* y *refrán*, considerando la *frase proverbial* como una categoría intermedia entre las dos restantes, con unos límites borrosos a causa de las relaciones de carácter histórico que mantienen estas unidades entre sí (*op.cit.*:187). En cambio, *locución* se define de la siguiente forma:

> Combinación estable de dos o más términos, que funciona como elemento oracional y cuyo sentido unitario consabido no se justifica, sin más, como suma de significado normal de sus componentes (1950 [1992]:167).

Los *refranes*, por otra parte, se describen así:

> Frase independiente, que en su sentido directo o alegórico, y generalmente es en forma sentenciosa y elíptica, expresa un pensamiento-hecho de experiencias, enseñanza, admonición, etc.- a manera de juicio, en el que se relacionan por lo menos dos ideas (*op.cit.*:192).

Las *frases proverbiales*, sin embargo, no poseen una definición tan precisa, caracterizándose por oposición a ellas. Se trata de *entidades léxicas autónomas* (*op.cit.*:190) que *no funcionan como elemento oracional, pero tampoco tienen la estructura plurimembre propia de los refranes*. En el grupo de las locuciones "significantes", Casares distingue las locuciones *nominales, adjetivales, verbales, participiales, adverbiales, pronominales y exclamativas*. En cambio, entre las locuciones

---

[1] Para una historia de la fraseografía del español, especialmente la bilingüe, véase Pamies (2007c), aunque han salido sido publicados importantes diccionarios posteriores a dicho artículo.

"conexivas", se sitúan las locuciones *conjuntivas y prepositivas*. Estas locuciones son las primeras que la gramática teórica consideró como tales, por lo cual el término *locución* ("a secas") antiguamente sólo las designaba a ellas. Actualmente el español cuenta incluso con diccionarios especializados en *locuciones preposicionales* (Luque Toro 2009a, 2009b).

Sosiński (2006:26) esquematiza la clasificación de Casares en forma de tabla:

	Fórmulas pluriverbales		
Elementos oracionales	Entidades autónomas		
Locución	Estructuras unimembre		Estructuras plurimembres
	Modalidad exclamativa	Modalidad no exclamativa	Refrán
	Locución exclamativa	Frase proverbial	

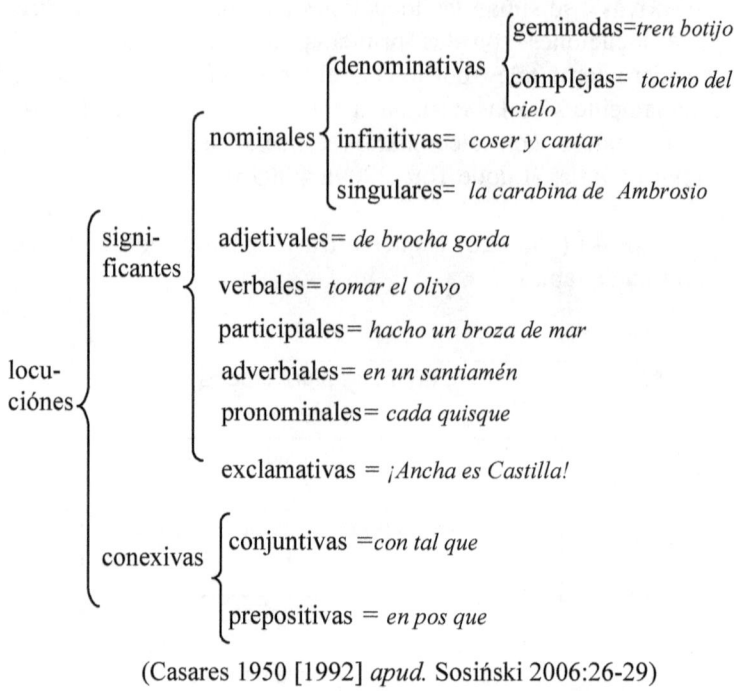

(Casares 1950 [1992] *apud.* Sosiński 2006:26-29)

Por un lado, el estudio de Casares tiene una gran importancia, especialmente como punto de partida para los estudios modernos de la fraseología del español y como una influencia indirecta en los estudios fraseológicos en general, ya que sus criterios de clasificación de las locuciones han sido aceptados por todos los fraseólogos, para quienes hay correlación entre los tipos de locución y las funciones de las partes de la oración (nombre, adjetivo, verbo, adverbio, conjunción), idea que, con pocas diferencias, se mantiene en clasificaciones posteriores (p.ej., Zuluaga 1980, Corpas 1996; Ruiz Gurillo 1997; Pamies 2007a; García-Page 2008a).

1.1.2. La taxonomía de Alberto Zuluaga Ospina (1980)

En la obra *Introducción al estudio de las expresiones fijas* (1980), Zuluaga analiza en profundidad dos aspectos relacionados con las UFs: su estructura interna y su funcionamiento en el discurso. El examen de estas dos características le permite establecer dos clasificaciones diferentes de las unidades pluriverbales en las que pretende sintetizar y superar las propuestas anteriores, incorporando las aportaciones modernas alemanas a las ideas pioneras de Casares. Zuluaga estudia las propiedades de fijación e idiomaticidad (1980: 95-110, 121-134). La **fijación** es la característica fundamental de las UFs, uno de sus rasgos definitorios más importantes, que el autor define como La propiedad (...) de ser reproducidas en el hablar como combinaciones previamente hechas" (desde la perspectiva del hablante) y "la suspensión de alguna regla de la combinación de los elementos del discurso" (desde el punto de vista lingüístico (Zuluaga 1980: 99).

La otra característica relacionada con la estructura interna de las UFs es la **idiomaticidad** (González Rey1998). Zuluaga la define como:

> Rasgo semántico propio de ciertas construcciones lingüísticas fijas, cuyo sentido no puede establecerse a partir de los significados de sus elementos componentes ni del de su combinación (*op. cit.*: 123).

Sosiński (2006:42) resume la clasificación de Zuluaga, basada en el cruce de estas dos características, mediante el siguiente esquema:

	Combinaciones lingüísticas		
	Fijación		
No	Sí		
No fijas o libres	Unidades fraseológicas		
	Idiomaticidad		
	No	Sí	
		Motivación figurada	
		No	Sí
		Idiomáticas	Semiidiomáticas

Clasificación de UFs según rasgos de la estructura interna de Zuluaga, *apud.* Sosiński (2006:42)

Se distinguen los siguientes grupos de combinaciones lingüísticas: libres; fijas pero no idiomáticas (p.ej. *dicho y hecho*); fijas y semiidiomáticas (p.ej. *un lobo con piel de oveja*).

Esta tipología implica las siguientes ideas: la idiomaticidad presupone la fijación, pero la fijación no presupone la idiomaticidad; la fijación es un rasgo gradual, pero no interesa establecer escalas de su gradación; en cambio, la idiomaticidad sí es un rasgo gradual y se establece una escala de su gradación; si los dos rasgos se presentan juntos, a una mayor fijación no le corresponde necesariamente una mayor idiomaticidad.

La otra clasificación de UFs se basa en su funcionamiento en el discurso y abarca dos grandes grupos: las UFs que constituyen por sí mismas enunciados completos y las que no. Esta clasificación sólo retoca parcialmente la de Casares y sigue basándose en la función sintáctica global de las UFs pero introduce la pragmática en las que funcionan como "textos". Se distinguen las **locuciones**, equivalentes a unidades gramaticales, y las locuciones, equivalentes a unidades léxicas que se clasificarán según su valor categorial. Añade las *locuciones elativas*: "que ponderan o elativizan verbos (p.ej. *que es un gusto*) o sustantivos (p.ej. *un mar de*) o adjetivos (p.ej. *como él mismo*) o adverbios". Las unidades léxicas, clasificándose según el criterio funcional, contienen cuatro tipos: las locuciones nominales (p.ej. *santo y seña*), adnominales (p.ej. *de vieja data*), adverbiales (p.ej. *al fin y al cabo*) y verbales (p.ej. *echar una mano*).

Otro gran grupo de UFs está constituido por los **enunciados fraseológicos**, utilizando varios criterios de clasificación. Primero, analizando la estructura interna, se clasifican las expresiones según la fijación e idiomaticidad que presenten, su estructura formal y el valor modal originario. Segundo, se establece una clasificación de enunciados fraseológicos en función de sus relaciones con el contexto. Se establece una clasificación basada en las relaciones de los enunciados fraseológicos con el contexto lingüístico y extralingüístico. Se hace una primera diferenciación entre las expresiones que no dependen del contexto (*textos*) y las que sí mantienen alguna relación de dependencia con él. En el primer grupo están los refranes (p.ej. *al buen entendedor pocas palabras*) y otros enunciados fraseológicos interjectivos (*maldita sea*) (Zuluaga 1980: 199-207, *apud.* Sosiński 2006: 38).

1.1.3. La taxonomía de Julia Sevilla Muñoz (1993)

Sevilla Muñoz (1993) presenta una clasificación que sólo se refiere a las paremias, un tipo de frasema, que abarca los enunciados sentenciosos y las unidades lingüísticas correspondientes. Distingue nueve tipos de paremias españolas.

La autora añade que entre ellas *los trasvases son frecuentes* (Sevilla 1993:15), por lo que se hace muy difícil establecer barreras claras, por un lado, entre paremias, por otro, con las unidades lingüísticas parecidas a ellas. Con el fin de aclarar su clasificación, la autora explica los primeros cinco tipos detalladamente, con definiciones y ejemplos concretos.

1) Paremias propiamente dichas

> En este grupo se encuentran las paremias relacionadas con las costumbres, con aquellos consejos o soluciones dignas del ser humano a situaciones vivenciales y con las observaciones sobre el comportamiento del hombre. De tono aleccionador, critican los defectos y nos ofrecen modelos de conducta (Sevilla 1993: 15).

Cabe destacar que esta autora considera que *refrán* no es sinónimo de *proverbio*. El refrán se caracteriza por la estructura bimembre, la idiomaticidad, los elementos mnemotécnicos, y el carácter y uso popular, festivo y jocoso. En cambio, *el proverbio posee un carácter más culto y grave y generalmente se suele aplicar a los pueblos que han alcanzado un esplendor cultural* (Sevilla 1993: 17).

2) Paremias jocosas o irónicas

Se refiere a las paremias divertidas, irónicas, etc., como el dialogismo, en el cual el hablante actúa como si platicara consigo mismo o refiriera el discurso de otra persona, animal o cosa personificada (Sevilla 1993: 17); o como el wellerismo, que suele construirse tomando como base una frase impersonal y un comentario puesto en boca de un sujeto indeterminado (*ibid.*).

3) Paremias científicas

Son las paremias que se emplean en un campo determinado del saber humano, incluyendo aquellas que son de origen culto, como el aforismo en Medicina y Jurisprudencia (Sevilla 1993:18).

4) Paremias caballerescas

Las paremias que contienen los ideales que animaban a los caballeros medievales, tales como el grito de guerra, la divisa, la paremia épica, etc. (Sevilla 1993:19).

5) Paremias publicitarias o propagandísticas

Antiguamente, este tipo de paremias equivalían a un grito de guerra. Actualmente, en cambio, funcionan como publicidad para conseguir atraer clientes o vender productos, o sirven como propaganda política y sindical, y a menudo llevan una estructura bimembre y rítmica típica del refrán (Sevilla 1993:19).

Vemos que esta autora usa la "paremia" como un hiperónimo muy amplio que abarca casi todos los "enunciados fraseológicos" de Zuluaga o Corpas (salvo las *fórmulas*).

1.1.4. La taxonomía de Gloria Corpas Pastor (1996)

La introducción del criterio pragmático es una aportación esencial que será aplicada y desarrollada por Gloria Corpas. Su *Manual de fraseología* (1996) analiza, desde una concepción amplia, la fraseología, que estudia todas las *combinaciones estables de unidades léxicas formadas por más de dos palabras gráficas y cuyo límite superior se sitúa en el nivel de la oración compuesta*.

Las unidades fraseológicas (UFs) se caracterizan por cinco aspectos, que son los siguientes respectivamente: (1) su **polilexicalidad**; (2) su alta **frecuencia** de aparición como unidades habituales de la lengua y de coaparición por parte de sus elementos integrantes; (3) su **institucionalización**; (4) su **fijación** y especialización semántica; (5) su **idiomaticidad** y variación potenciales.

El sistema fraseológico español se divide en **tres esferas**: *esfera* I (colocaciones), *esfera* II (locuciones) y *esfera* III (enunciados fraseológicos: paremias y fórmulas rutinarias). Además, cada una de las *esferas* se subdivide, a su vez, en diversos tipos de UFs según una serie de criterios adicionales, como categoría gramatical, función sintáctica, carácter de enunciado, independencia textual, etc. No todos los fraseólogos están de acuerdo en incluir las colocaciones dentro de los fraseologismos (González Rey 2000), p.ej., Zuluaga las excluye de su taxonomía. La de Corpas es la primera taxonomía española que las incluye explícitamente.

El término *idiomaticidad* se refiere a aquella propiedad semántica que presentan ciertas unidades fraseológicas, por la cual el significado global de dichas unidades no es deducible del significado aislado de cada uno de sus elementos constitutivos. Se advierte que **no todas las UFs son idiomáticas**, pues las UFs pueden presentar dos tipos de significado denotativo: significado denotativo literal y significado idiomático (Corpas 1996: 26-27).

También se observa que, **la fijación de las UFs es relativa**, pues muchas tienen cierta variación léxica. Cuantas más variaciones, transformaciones y modificaciones presenten los fraseologismos de una lengua, más regular es su sistema fraseológico. Para ser variantes, las dos unidades fraseológicas tienen que estar en la misma lengua funcional, no presentar diferencias de significado, ser libres de los contextos, ser parcialmente iguales en su estructura y en sus componentes y ser fijas, en el sentido de que formen parte de una serie limitada y estable (*op.cit.*:28).

Conviene añadir que a mayor grado de fijación, mayor posibilidad de sufrir manipulaciones en el discurso.

La autora se propone combinar el criterio de enunciado con el de fijación para establecer un primer nivel de clasificación en tres esferas, que son, respectivamente, *colocaciones, locuciones* y *enunciados fraseológicos*.

El primer grupo se subdivide en dos: la esfera I, que incluye aquellas UFs fijadas sólo en la norma, que se denominan *colocaciones*; y la esfera II, que engloba UFs fijadas por el sistema, que se llaman *locuciones*.

En el segundo grupo se incluyen solamente aquellas unidades *fijadas por el habla* (*op.cit.*: 50-52).

La clasificación de UFs (*op.cit.*:270) muestra el siguiente esquema basado en un paralelismo con la distinción que hizo Coseriu entre *sistema*, *norma* y *uso*.

ESFERA I: COLOCACIONES

Para la autora, las colocaciones son sintagmas completamente libres, pero al mismo tiempo presentan cierto grado de fijación interna. Además, no constituyen enunciados ni actos de habla por sí mismas. Son unidades estables, combinaciones prefabricadas en la norma (*op.cit.*:54). Dependiendo de la categoría gramatical y de la relación sintáctica existente entre los colocados, se establece una taxonomía de las colocaciones en seis tipos (N.+Adj., V.+Adv., etc.).

ESFERA II: LOCUCIONES

La segunda esfera de la clasificación incluye las locuciones con los siguientes rasgos distintivos: fijación interna, unidad de significado y fijación externa pasemática. En general, las locuciones funcionan como elementos oracionales. Estas unidades se caracterizan fundamentalmente por la fijación. Las locuciones se diferencian de las combinaciones libres de palabras por su institucionalización, su estabilidad sintáctico-semántica y su función denominativa, entre las cuales, se destaca la estabilidad, que incluye tanto los aspectos léxico-semánticos como los morfosintácticos. Por tanto, hay una variedad de pruebas para comprobar la cohesión semántica y la morfosintáctica. Las principales pruebas aducidas son las siguientes: sustitución, eliminación y deficiencias transformacionales. Es muy difícil distinguir las locuciones con las palabras compuestas, porque los dos tipos forman entidades denominativas para referentes concretos o abstractos.

La autora distingue locuciones nominales, adjetivas, adverbiales y verbales, que pueden constituir el núcleo de sintagmas normales, adjetivos, adverbiales o verbales, respectivamente (las mismas que Casares pero excluyendo las "exclamativas").

Añade las *locuciones clausales*, que son cláusulas fijadas provistas de un sujeto y un predicado que expresan un juicio, una proposición. Éstas no constituyen oraciones completas sino que necesitan actualizar algún actante en el discurso en el cual se insertan, por ejemplo, *caérsele [a alguien] la cara de vergüenza*.

También incluye las *locuciones con casillas vacías*, que deben ser rellenadas por elementos variables que presentan menor grado de restricción sintagmática, como *por mi [/ tu / su] cara bonita* (*op.cit.*:112-118).

En cuanto a los aspectos semánticos de las locuciones, el significado connotativo se distingue del significado denotativo. La autora indica que el significado denotativo puede ser de dos clases, literal y traslaticio o idiomático. En el primer caso, se trata de locuciones literales que expresan cierta peculiaridad semántica, como resultado de la fijación, en cuyo desarrollo el significado denotativo de los elementos sufre un grado de deslexicalización o gramaticalización, como en los casos de *arma defensiva*. En el segundo caso, el significado de la locución ya no se puede deducir desde sus elementos integrantes, y la locución presenta idiomaticidad parcial, como en el caso de *guerra sucia* o como en *tomar el pelo* cuando se refiere a "engañar". Destaca que en la idiomaticidad parcial, sólo algunos elementos presentan significados idiomáticos o figurativos.

ESFERA III: ENUNCIADOS FRASEOLÓGICOS (PAREMIAS)

Los enunciados fraseológicos son **completos** en sí mismos y se caracterizan por constituir **actos de habla** y por presentar fijación interna (material o de contenido). Dentro de los enunciados fraseológicos, se distinguen las *paremias* de las *fórmulas rutinarias* principalmente en dos aspectos. En primer lugar, las paremias poseen significado referencial, mientras que en las fórmulas rutinarias el significado es social, expresivo o discursivo. En segundo lugar, las paremias son autónomas textualmente, mientras que las fórmulas tienen mucho que ver con situaciones y circunstancias concretas (*op.cit.*:132-133).

Aquellas paremias que no tienen valor de verdad general constituyen enunciados fraseológicos textuales, que se denominan *enunciados de valor específico* y se asimilan con las fórmulas rutinarias psico-sociales y con las locuciones clausales. Otros enunciados fraseológicos son *citas, eslóganes* o *consignas*.

Las citas permiten localizar su procedencia, pero tienen carácter de verdad general. Dentro de los **enunciados de valor específico**, existen UFs de estructura oracional que tienen carácter de enunciado, cuyo núcleo verbal se puede conjugar según tiempo, persona, modo y aspecto, por ejemplo, *Juntarse el hambre con las ganas de comer*.

Con respecto a los eslóganes, podemos decir que son diferentes de las citas. Éstos hacen referencia a una situación, a un hecho o a un producto determinado y, además, no son anónimos. En cuanto a su función específica, se distinguen eslóganes políticos y eslóganes publicitarios (*op.cit.*:137-143).

Las *fórmulas rutinarias* comparten su capacidad de mantener la armonía social con el estereotipo. Por tanto, dichas unidades contribuyen a mantener el orden en la comunicación. Por un lado, constituyen secuencias de palabras fijas; por otro, reflejan valores culturales. Las fórmulas rutinarias se caracterizan por la dependencia situacional, es decir, su aparición se predice desde las circunstancias concretas. Se incluyen principalmente tres fórmulas, que son, respectivamente, *fórmulas de cortesía, fórmulas de dirección del discurso* y *fórmulas psico-ostensivas*. La comprensión e interpretación de las fórmulas rutinarias requiere conocer los aspectos socio-culturales de la comunidad correspondiente. Los hablantes conciben las fórmulas rutinarias como parte de marcos concretos (*op.cit.*:174-179). Las fórmulas rutinarias, generalmente, muestran menor fijación que las paremias o las locuciones.

En cuanto a los aspectos semánticos, las fórmulas rutinarias presentan oscurecimiento diacrónico de su significado denotativo primario, el cual es modificado por el uso contextual de la unidad. Dichas unidades desarrollan significados en virtud de su uso en el discurso y, además, presentan una especialización pragmática y funcionan como señales en determinadas situaciones comunicativas. A pesar de ello, no todas las fórmulas rutinarias son idiomáticas en el sentido corriente del término (*op.cit.*:181-183).

FRASEOLOGÍA

(ESFERA I) Colocaciones
- N (sujeto) + V: *estallar una guerra; zarpar un barco*
- V+ (Prep.+) N (objeto): *asumir una responsabilidad; entablar amistad*
- Adj./N /N+N: *momento crucial; hombre clave*
- N + prep. +S: *ciclo de conferencias*
- V+ Adv.: *llorar amargamente*
- Adj.+ Adv.: *estrechamente ligado*

(ESFERA II) Locuciones
1. Loc. Nominales: *vacas flacas; mala uva; el huevo de Colón*
2. Loc. Adjetivas: *mondo y lirondo; de armas tomar*
3. Loc. Adverbiales: *a regañadientes; a todas luces*
4. Loc. Verbales: *llevar y traer; criar malvas, empinar el codo*
5. Loc. Prepositivas: *a pesar de; con vista a*
6. Loc. Conjuntivas: *con tal que; siempre y cuando*
7. Loc. Clausales: *salir el tiro por la culata*

(ESFERA III) Enunciados Fraseológicos

1. Paremias	1.1. Enunciados de valor específico: *Dentro de cien años, todos calvos.*			
	1.2. Citas: *Errar es humano, perdonar es divino.*			
	1.3. Refranes: *Vísteme despacio, que tengo prisa.*			
2. Fórmulas rutinarias	2.1. Fórmulas discursivas	2.1.1.Fórmulas de apertura y cierre	*¿Puedo ayudarle? Cuídese mucho.*	
		2.1.2. Fórmulas de transición	*Para que te enteres. ¿Me has entendido?*	
	2.2. Fórmulas	2.2.1.Fórmulas expresivas	De disculpa: *Lo siento.*	
			De consentimiento: *Ya*	

			psico-sociales		*lo creo.*
					De recusación: *Ni hablar.*
					De agradecimiento: *Dios se lo pague.*
					De desear suerte: *Que te vaya bien.*
					De insolidaridad: *¡A mí, plin!*
			2.2.2.Fórmulas comisivas		De promesa y amenaza: *Ya te apañaré.*
			2.2.3.Fórmulas directivas		De exhortación: *largo de aquí.*
					De información: *Tú dirás.*
					De ánimo: *No es para tanto.*
			2.2.4.Fórmulas asertivas		De aseveración: *por mis muertos.*
					De emocionales: *No te digo.*
			2.2.5.Fórmulas rituales		De saludo: *¿Qué es de tu vida?*
					De despedida: *Le saluda atentamente.*
			2.2.6. Miscelánea:		*Pelillos a la mar.*

No se tiene en cuenta la diferencia entre lo sentencioso y lo no sentencioso, por lo que todas las citas están juntas en una única categoría.

La teoría de Gloria Corpas es muy representativa debido a que:

1) Fue el primer intento de construir una teoría global que describe todos los tipos de UF, ofreciendo una explicación común a todos ellos y, al mismo tiempo, analizando las características definitorias de cada subclase.

2) El gran éxito, tanto de ventas como de citas, alcanzado por este libro.

1.1.5. La taxonomía de Antonio Pamies Bertrán (2007a, 2014a, 2016)

Pamies Bertrán, en una conferencia titulada *De la idiomaticidad y sus paradojas* (2007a) [2], retomada y ampliada en otra conferencia titulada *A metáfora gramatical e as fronteiras (externas e internas) da fraseologia*[3], propone una crítica al concepto de multilexicalidad, lo cual lo lleva también a modificar la clasificación general del ámbito fraseológico, porque los tres criterios principales (multilexicalidad, fijación e idiomaticidad) se relacionan estrechamente entre sí, y cualquier alteración de uno de ellos repercute en los otros dos (Pamies 2007a).

Para este autor, la **fijación** se define desde tres ángulos: 1) restricción formal en los ejes sintagmático y paradigmático, 2) mayor frecuencia estadística de co-ocurrencia, y 3) alteración de la valencia. Sin embargo, los compuestos también presentan estos 3 rasgos, incluso son más fijos que las UFs. Las palabras compuestas no permiten insertar alguna palabra entre sus componentes (p.ej. *melón de agua* > **melón grande de agua*); además, para mantener su forma fija, incluso contienen discordancia de género (p.ej. *un caradura, un barbazul*). Todo esto sería un motivo para incluir los compuestos en la fraseología, para no contradecir la definición de la misma.

La **idiomaticidad**, que hoy se entiende generalmente como "no-composicionalidad semántica" es otro rasgo esencial de las UF. Algunos lexicólogos consideran que la idiomaticidad distingue a las locuciones de los compuestos, pero este autor mantiene que existen numerosas palabras compuestas con rasgo de idiomaticidad: *ni la llave inglesa es "inglesa", ni la estrella de mar es una "estrella"*, y lo mismo ocurre con *luna de miel, matasuegras*, etc. El significado global de estos compuestos tampoco se puede deducir de sus componentes literalmente (Pamies 2007a).

La **multilexicalidad** es condición definitoria de toda unidad fraseológica para Corpas (1996: 20): *las UFs (...) son unidades*

---

[2] Presentada en 2006 en el *I Congreso Internacional de Fraseología* (Santiago de Compostela) y publicada en Bélgica en 2007.
[3] Presentada en el *III Congresso Internacional de Fraseologia e Paremiologia* (Fortaleza, Brasil) en 2013 y publicada en 2014 en la *Revista de Letras*. Una adaptación a la fraseología italiana se presentó en Verona (en 2014, y acaba de publicarse en 2016).

léxicas formadas por dos o más palabras gráficas en su límite inferior. Ruiz Gurillo añade que *los elementos integrantes de los compuestos manifiestan unidad gráfica mientras que los de las locuciones acostumbran a aparecer separados en la escritura* (1997: 106). En este punto, Pamies (2007a) no está de acuerdo porque considera que el criterio gráfico no es válido ni científico para diferenciar los compuestos de los fraseologismos, a causa de la convencionalidad de la escritura y de las incertidumbres del propio concepto de "palabra". La ortografía se modifica a menudo y puede incluso suceder que la misma palabra tenga diferentes grafías admitidas por la Academia, p.ej., *camposanto* y *campo santo*, ambas consideradas correctas.

Aparte de los tres criterios fundamentales de la fraseología, hay unos rasgos secundarios de las UFs, como unicidad, reproducibilidad (refiriéndose a que no se crean en el habla mediante combinación sino que se memorizan enteras como si fueran palabras). Sin embargo, en este sentido las palabras compuestas aún presentan mayor grado de unicidad, p.ej., *sacacorchos, gatopardo* (*ibid.*). En cuanto a los **componentes únicos** o **palabras diacríticas**, como *mondo y lirondo, a trancas y barrancas, caer de bruces*, etc, dichos componentes sólo existen como parte de un fraseologismo. Este fenómeno también ocurre en algunos compuestos como *floripondio, latifundio, cabizbajo,* cuyos componentes no existen tampoco como palabra independiente **pondio, *fundio, *cabiz* (Pamies 2007a).

La (in)traducibilidad de las partes también se menciona como rasgo fraseológico. Es decir, la equivalencia de una UF no suele obtenerse traduciendo sus componentes (p.ej. *por si las moscas* > **for if the flies*). Pero este criterio también es perfectamente aplicable a los compuestos: la equivalencia inglesa de *matasuegras, soplagaitas* no se obtiene por la traducción de sus componentes, sino, utilizando expresiones completamente distintas (en este caso, su equivalencia es *party blower* y *asshole*, respectivamente). Por ello, este autor sustituye el criterio de *polilexicalidad* (varias palabras) por el de *polilexematicidad* (varios lexemas). La clasificación de los fraseologismos que propone Pamies (2007a), se basa en la teoría funcionalista de Martinet y el concepto de *sintema* (Martinet 1967: 101-119). En una reformulación posterior (2014a, 2016), el *sintema* será considerado como un tipo de **metáfora gramatical** llamada *pseudo-sintagma*: dos o más lexemas que funcionan como si fueran uno solo. Por analogía los *sintagmas* *semifijos* serán llamados *semi-sintagmas* y los enunciados fijos pasan a llamarse *construcciones pseudo-discursivas* (Pamies 2014a).

Los *pseudo-sintagmas* son *combinaciones de al menos dos lexemas que funcionan como un lexema único* (Pamies 2007a). Estos incluyen varias subclases: **locuciones, palabras compuestas, phrasal verbs, construcciones onímicas** y **fraseotérminos** (*ibid.*). Pamies (2007a; 2014a) observa en los ejemplos citados por el propio Martinet que, dichos sintemas, corresponden a locuciones verbales (p.ej. *avoir l'air*), locuciones adjetivales (p.ej. *bon marché*), compuestos léxicos (p.ej. *bonhomme*), compuestos sintagmáticos (p.ej. *machine à-laver*), y argumenta que todos son multilexemáticos y se distinguen del sintagma por funcionar como si fueran un lexema único.

Los *semi-sintagmas* incluyen las **colocaciones** y dos subclases de las mismas: las **comparaciones estereotipadas** (p.ej. *más largo que un día sin pan*) y las **construcciones de verbo soporte** (p.ej. *dar un paseo*). Algunos especialistas consideran que la fraseología no incluye las colocaciones. De esta forma, dicha exclusión indicaría atribuirlas a la sintaxis "libre", pero Pamies (2007a) considera que esta idea contradice a la definición del concepto de *fijación*. Igualmente insiste en que las colocaciones sólo son relativamente composicionales porque combinan de forma repetida una *base* y un *colocativo*, ej. en *soltero empedernido,* la base conserva su sentido literal, así como su categoría y función gramaticales, mientras el colocativo (*empedernido*) adquiere sentido figurado y cumple una *función léxica* "especializada" para esta base (Mel'čuk 1998, *apud.* Pamies, Pazos & Guirao 2013).

En otro artículo (Pamies, Pazos & Guirao 2013) se explican más detalladamente las **construcciones con verbo soporte** (CVS), que se definen siguiendo a Giry-Schneider (1987) *como combinaciones recurrentes entre un verbo y un sintagma nominal (o preposicional), en las que un nombre es actualizado como predicado en el discurso, mediante un verbo de alta frecuencia con un significado muy general, es decir "desemantizado"* (Pamies, Pazos & Guirao 2013), p.ej., **hacer** *una pregunta,* **tener** *miedo,* **dar** *una conferencia.* Su grado de fijación es poco elevado si se compara con una locución. La frontera más clara y generalizable entre CVS y sintaxis libre, es *la anomalía de su régimen de valencias: en vez de que el verbo seleccione los argumentos nominales, es el nombre el que* *selecciona al verbo*. Esta propiedad hace que las CVS se consideren como una subclase de las colocaciones verbo-nominales, ya que unas funciones léxicas conectan un colocativo verbal a una base nominal (Alonso 2004, *apud*. Pamies, Pazos & Guirao 2013). La única diferencia está en el tipo de verbo: en una colocación "normal", el verbo tiene cierta "especialización" con respecto al nombre que convierte en predicado: *entablar amistad, emprender acciones legales, interponer una demanda*. En cambio, en la CVS el verbo tiene un uso muy amplio, y polisémico, y el mismo verbo forma cientos de colocaciones de este tipo: *dar miedo, dar un paseo, dar una fiesta, dar saltos, dar crédito, dar la impresión, dar problemas, dar su opinión*.

Finalmente, las *construcciones pseudo-discursivas* (enunciados fijos) pueden contener varias palabras, y funcionan como un micro-texto, pragmáticamente autónomo y completo. Incluyen las **fórmulas, eslóganes, frases proverbiales, refranes**, máximas, y **citas no sentenciosas** (Pamies 2007a, 2014a).

Tomando de la gramática sistémico-funcional de Halliday el concepto de *metáfora gramatical* (cuando un elemento gramatical cumple la función de otro), Pamies actualiza y completa su clasificación en 2014, basándose por completo en dicho concepto. Dentro de los *pseudo-sintagmas* están, no sólo las **locuciones** (p.ej. *tomar el pelo, irse de picos pardos*, etc.), sino también los **phrasal verbs, compuestos, fraseotérminos**, y **construcciones onímicas** (ver ejemplos en la tabla), porque también equivalen a una sola palabra con una única categoría funcional en la oración.

Las **colocaciones** (p.ej. *fumador empedernido*) también pertenecerían a la fraseología porque, aunque sus dos miembros son realmente palabras, y ambos participan en un sentido global (García-Page 2008), siempre poseen fijación, que es condición necesaria y suficiente del concepto de fraseología. Basándose en la teoría de las *funciones léxicas* de Mel'čuk (1998), Pamies considera las colocaciones como **semi-sintagmas** en los que un miembro (p.ej. *empedernido*) hace de morfema aumentativo del otro (p.ej. *fumador*), lo cual es otra forma de metáfora gramatical (Pamies 2014). Esto es aplicable también a las **construcciones de verbo soporte** (CVS), en que un nombre funciona como predicado al asociarle un verbo de significado muy general: *efectuar un disparo, dar un paseo*, que equivalen a añadir a un nombre un morfema derivativo que lo convierte en acción conjugable, al igual que en *disparar* o *pasear*. Igualmente, las **comparaciones estereotipadas** también son semi-sintagmas porque cumplen la misma *función léxica* que las colocaciones: (Juan es) *más lento que el caballo del malo* equivale a "lentísimo" (no es una "verdadera" comparación porque no permite transformarse en **el caballo del malo es menos lento que Juan*).

Finalmente, lo que Casares y Corpas llaman "enunciados fraseológicos", por su carácter oracional, también serían *metáforas gramaticales,* puesto que, aunque formalmente sean enunciados completos, no son "verdaderos" actos de habla, sino elementos de la lengua memorizados como tales, por su elevado grado de fijación (un "verdadero" acto de habla sería creado por el hablante por combinación). Por ello, Pamies, en su revisión de 2014, ya no los llama "enunciados" sino **secuencias pseudo-discursivas**. Incluyen las **fórmulas ritualizadas**, las **fórmulas discursivas**, las **paremias (proverbios y máximas)**, las **frases proverbiales** y las **citas no sentenciosas** (ver cuadro de ejemplos).

En resumen, Pamies (2007a, 2014a) define las UFs como unidades multi-lexemáticas más o menos fijas y potencialmente idiomáticas, y, aun admitiendo el carácter gradual de la fijación y de la idiomaticidad, propone una clasificación que, aun así, mantiene fronteras discretas entre las subclases fraseológicas, mediante el esquema de un círculo dentro de un cuadrado. La opcionalidad de la idiomaticidad corresponde al exterior del círculo, la gradualidad de la idiomaticidad y fijación a la mayor o menor centralidad en el círculo, y el carácter discreto de las categorías corresponde a sus radios, pues éstos difieren entre sí por rasgos morfosintácticos y pragmáticos discretos.

Tras la versión revisada presentada en portugués el *III Congreso Internacional de Fraseología* en Brasil a finales de 2013, la clasificación revisada de Pamies seguiría el esquema siguiente:

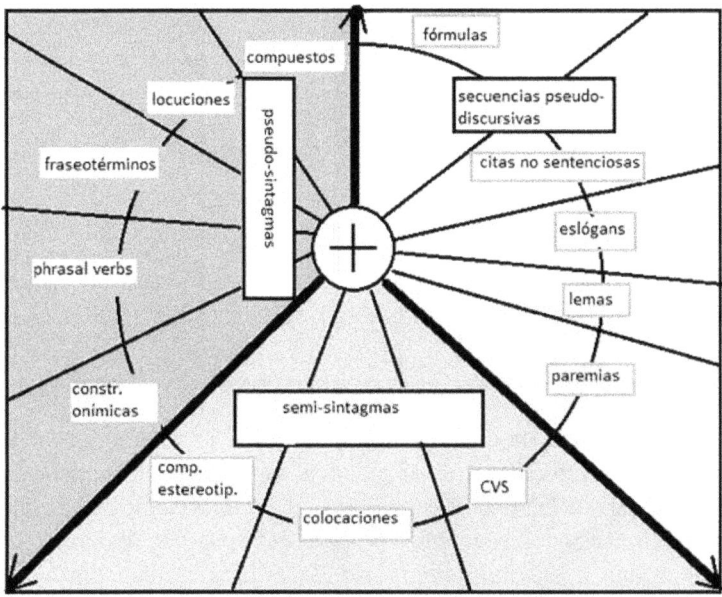

Completando y actualizando la tabla de ejemplos de Pamies (2007a) con los citados en la revisión de 2014, obtenemos este cuadro:

Unidades multilexemáticas fijas		no idiomáticas	idiomáticas
Pseudo-sintagma	compuesto léxico	*sacacorchos*	*matasyegras*
	compuesto sintagmático	*máquina de escribir*	*luna de miel*
	locución nominal	*apretón de manos*	*cero a la izquierda*
	locución adjetival	*en blanco y negro*	*de medio pelo*
	locución verbal	*poner en remojo*	*tomar el pelo*
	locución advervial	*sin dudarlo un instante*	*a toda leche*
	locución conjuntiva	*con la condición de que*	*a pesar de que*
	locución prepositiva	*encima de*	*en nombre de*
	"phrasal verb"	*to run after* ("perseguir")	*to mess around* ("tontear")
	construcción onímica	*República Italiana*	*América Latina*
	fraseotérmino	*fonética experimental*	*células asesinas*
Semi-sintagma	comparación estereotipada	*negro como el carbón*	*más chupado que la pipa de un indio*
	Coloc. N+Adj	*enfermedad grave*	*enemigo mortal*
	Coloc. V+Adv	*enfermar*	*despreciar*

		gravemente	*olímpicamente*
	Coloc. V+N	*pedier permiso*	*Entablar amistad*
	CVS	*hacer la comida*	*dar un paseo*
Secuencia pseudo-discursiva	fórmula	*¡Cumpleaños feliz!*	*¡Que te den morcilla!*
	cita no sentenciosa	*No mandé mis naves a combatir los elementos*	*La maté porque era mía*
	paremia (proverbios y máximas)	*No dejes para mañana lo que puedes hacer hoy*	*Quien siembra vientos recoge tempestades*
	frase proverbial	*Si lo sé no vengo*	*Hay moros en la costa*

En resumen, la clasificación de Pamies se distingue por sus criterios teóricos. Pero, en la práctica, también se diferencia por la inclusión de las palabras compuestas en la fraseología, porque cumplen todos los requisitos propios del "pseudo-sintagma", lo cual obliga a sustituir el criterio de polilexicalidad por el de polilexematicidad. Por ejemplo, *matasuegras* y *luna de miel* tienen dos lexemas, tienen fijación puesto que no permiten intercalar nada entre ellos, y tienen idiomaticidad puesto que su significado global no es deducible del de sus partes; por tanto son frasemas y, más concretamente, pseudo-sintagmas, porque equivalen funcionalmente a un lexema. También se distingue por incluir las comparaciones estereotipadas entre los semi-sintagmas junto a las colocaciones y no entre las locuciones, como sí ocurre en las de Corpas o de Zuluaga.

Como se ha dicho, lo que distingue esta clasificación son sobre todo sus razones teóricas, derivadas de su propia definición del hecho fraseológico. Los tres grandes grupos se basan en un criterio semántico-sintáctico y cognitivo (corresponden a distintos tipos de *metáfora gramatical*) mientras que las taxonomías de Zuluaga o Corpas son formales y pragmáticas, respectivamente.

Por eso no puede evitar incluir las palabras compuestas en la fraseología, lo cual es una llamativa novedad en España, pero sería algo muy normal, desde hace décadas, para muchos fraseólogos europeos, como Maurice y Gaston Gross, Frantisek Čermák, Igor Mel'čuk o Dmitrij Dobrovol'skij (Pamies 2007a, 2014a). Aunque no parezca necesario desde el punto de vista lexicográfico, es una cuestión de coherencia teórica con respecto a las definiciones de las categorías.

1.2. La teoría fraseológica china y su taxonomía

La palabra relativamente tardía "fraseologismo" no tiene todavía una expresión correspondiente en chino. Antiguamente, por lo general, se empleaban diferentes términos para designar UFs chinas, por ejemplo, *chengyu* (成语 *hecho palabra "frase hecha"), *guan yong yu* (惯用语*habitual uso dicho "expresión de uso habitual"), *su yu* (俗语*popular dicho "dicho común") pero en realidad estos términos son hipónimos con respecto al español "fraseologismo". No es un trabajo fácil definir las UFs chinas, porque este concepto incluye muchos tipos, para los que la mayoría de las definiciones es poco satisfactoria. En realidad, hay muchas definiciones de diferentes investigadores y en diferentes diccionarios, que se contradicen a menudo entre sí.

Según Gianninotto (2013), la historia de la fraseología en China se puede dividir en cuatro fases: los estudios antiguos, desde los tiempos pre-Qin (先秦) hasta la dinastía Qing (清) (1644-1911); el período que va desde el Movimiento del Cuatro de Mayo (五四运动 1919) a la fundación de la República Popular de China (1949); el período de 1949 a la Revolución Cultural; El nuevo período (新时期) que comenzó en 1978 (Wen Shuobin & Wen Duanzheng 2009, *apud.* Gianninoto 2013: 142).

Durante un largo tiempo, estos estudios estuvieron estrictamente limitados a la filología tradicional china. El desarrollo de la paremiología en las primeras décadas del siglo XX dio lugar a un aumento del interés por las formas como el *xie hou yu* (歇后语"dicho alegórico de dos partes") y el *yan yu* (谚语 "proverbios"), considerados como expresiones de la cultura popular (Wen Shuobin & Wen Duanzheng 2009: 35, *apud.* Gianninoto 2013: 142).

El período posterior a la fundación de la República Popular China se caracterizó por la fuerte influencia de la lingüística rusa. El término *shuyuxue* (熟语学) se considera generalmente como traducción del término ruso *фразеология* ("fraseología") en la década de 1950 (Wen Shuobin & Wen Duanzheng 2009: 58, 65, *apud.* Gianninoto 2013: 142). Esto puso de manifiesto el carácter absoluto de los conceptos tradicionales (Henry 2016).

En este período aparece la categoría *guan yong yu* (惯用语 "expresiones habituales") y diferentes intentos de clasificar la fraseología, como en las obras de Ma Guofan (马国凡) y Tang Songbo (唐松波) (Wen Shuobin & Wen Duanzheng 2009: 88-89, *apud.* Gianninoto 2013: 142).

El período posterior a 1978 se caracteriza por un desarrollo impresionante de los estudios fraseológicos. Sobre todo, el campo de los *chengyu*, principal interés de los estudios fraseológicos chinos en aquel período.

1.2.1. El concepto de *chengyu*

Una de las peculiaridades más notables de la lengua china es el empleo de *chengyu,* que presenta con gran fuerza una imagen o episodio procedente de la literatura, la historia o la tradición popular (Ramírez1999:134). Aunque la palabra *chengyu* aparece durante la dinastía Song, estos frasemas existían ya en la dinastía Han posterior (后汉) (Henry 2016:105, 109). Según Ramírez (1999: 133), los *chengyu* son:

> Frases hechas que se distinguen de las homónimas de otros idiomas occidentales por su rigurosa estructura formal, por la mayor frecuencia de uso y, obviamente, por el recurso a imágenes más acordes con la cultura de la que proceden.

Los *chengyu* presentan muchas posibilidades combinatorias, pero siempre hay armonía interna entre los componentes. Algunos *chengyu* se parecen considerablemente a refranes o frases hechas del español, otros son análogos o incluso equivalentes, otros son fácilmente comprensibles, y otros (la mayoría) no tienen ninguna correspondencia (Ramírez 1999:134-136). Por ejemplo:

1) Casi idénticos en español:

    chn. *yī jiàn shuāng diāo*
      一箭双雕
      *uno flecha dos halcón
      ([matar] dos halcones con la misma flecha)
      "lograr dos o más cosas con un solo esfuerzo"
    esp. *matar dos pájaros de un tiro*

2) Análogos:

    chn. *yú mù hùn zhū*
      鱼目混珠
      *pez ojo confundir+con perla

(confundir con perlas los ojos de un pez)
"hacer pasar una cosa por otra mejor"
esp. *dar gato por liebre*

3) Fácilmente comprensibles:

chn. *jìng huā shuǐ yuè*
镜花水月
*espejo flor agua luna
(flores relejadas en un espejo, o la luna reflejada en el agua)
"falsas ilusiones"

4) Distintos:

chn. *sì miàn chǔ gē*
四面楚歌
*cuatro costado reino+de+Chu canción
([oír] por los cuatro costados canciones [del reino] de Chu)[4]

(Ramírez1999:134-136)

1.2.1.1. Las teorías tradicionales

Merece señalar que más del 90% de los fraseologismos chinos serían *chengyu*. El término *chengyu* se usó por primera vez en la dinastía Tang. El primer gran diccionario verdadero de *chengyu* es *Guó yǔ chéng yǔ dà quán* 国语成语大全 ["Gran colección de *chengyu* de idioma chino"] compilado por Guo Houjue y publicado por Zhonghua Librería (中华书局) en 1926. Incluye aproximadamente 3200 entradas (Jiao Liwei 2016:64-65).

El diccionario *Cí yuán* 辞源 (1915) define el término *chengyu* (成语) como "palabras compuestas[5] antiguas. Se

---

[4] Origen: El ejército del Reino de Chu se hallaba cercado por el ejército rival de Han. Una noche, los soldados del Reino de Chu escucharon, canciones propias de su comarca, que procedían del área ocupada por el Reino de Han, e imaginaron que eran entonadas por paisanos suyos que habían sido capturados por el enemigo, y que por lo tanto éste ya se había apoderado de una gran parte de sus tierras. La mayoría de ellos, nostálgicos y desmoralizados, cantaron a coro y lloraron, y desconocían que esto era una estrategia del ejército de Han. A la mañana siguiente, cuando el general del ejército de Chu intentó romper el cerco, sólo halló a una docena de sus soldados, de los ocho mil con los que originalmente contaba y, humillado, se suicidó (Ramírez1999:135).

[5] Traducimos *yǔ* (语) como "palabras compuestas" porque, en este contexto (4

incluye todo lo que se usa comúnmente en la sociedad y que se puede citar para expresar una idea[6]" (*apud.* Shi Junhan 1988). La edición posterior de *cí hǎi* 辞海 (1979) (*apud.* Shi Junhan *op.cit.*) lo define como "los lenguajes compuestos que más utiliza la gente de hoy". Pueden proceder de las obras clásicas confucianas y sus comentarios, o de canciones populares, proverbios. Por lo general se dicen y se oyen mucho, y son conocidos por el pueblo[7]".

En los años cuarenta del siglo pasado, Fang Shenghui (1943, *apud.* Xu Xuhong 2003) distingue 22 tipos de *chengyu* en su artículo *Chéng yǔ yǔ chéng yǔ de yùn yòng* (成语与成语的运用):

- *sú yǔ* 俗语*popular palabra "dicho común", p.ej., *bù shì yuān jiā bù jù tóu* 不是冤家不聚头*no ser enemigo no encontrarse "los enemigos están destinados a encontrarse"
- *yàn yǔ* 谚语 "dicho popular", p.ej., *yáng ròu bù dé chī, kōng rě yī shēn sāo* 羊肉不得吃,空惹一身臊*carne+de+carnero no poder comer, inútilmente provocar uno cuerpo olor fétido (no conseguir ningún beneficio, en cambio provocar problema)
- *shì yǔ* 市语*vulgar palabra "dicho popular", p.ej., *shuǐ zhōng lāo yuè* 水中捞月*agua dentro sacar luna (tratar de sacar la luna desde el agua) "hacer un esfuerzo baldío"
- *gǔ yǔ* 古语*antigua palabra "dicho popular", p.ej., *pìn jī sī chén* 牝鸡司晨*femenino gallina administrar amanecer (una gallina anuncia la aurora) "una mujer usurpando el poder del hombre"
- *cháng yán* 常言*frecuente dicho, p.ej., *jī er bù kuài suō er kuài* 机儿不快梭儿快*máquina SUF. no rápido lanzadera SUF. rápido (el telar funciona lento, pero la lanzadera funciona rápido) "el accesorio supera al elemento principal"
- *suō jiǎo yǔ* 缩脚语[8]*retirar pie palabra "dicho alegórico de dos partes: la primera describe algo metafóricamente, la segunda lo da a entender explícitamente en sentido recto, p.ej., *yǎ zi chī*

---

sílabas) no puede ser una palabra simple. El término *yǔ* (语) tiene un significado muy amplio, que va desde "lengua" a "palabra" o "dicho" y es el contexto el que decide.

[6] "谓古语也。凡流行于社会,可引证以表示己意者皆是。"

[7] "古语常为今人所引用者曰成语。或出自经传,或来自谣谚,大抵为社会间口习耳闻,为众所熟知者。

[8] Igual que el *xiē hòu yǔ* 歇后语 (*suspender posterior dicho) mencionado por Shi Shi (1979).

huáng lián⁹ 哑子吃黄莲 *mudo comer *Coptis chinensis* (ser incapaz de expresar su aflicción, como un mudo que prueba hierbas amargas) "verse obligado a sufrir en silencio"
- *bǐ yǔ* 鄙语 *rústico palabra, p.ej., *lì lìng zhì hūn* 利令智昏 *beneficio hacer inteligencia aturdido "obsesionarse por la ambición y la codicia"
- *yǐn yǔ* 隐语 *ocultado palabra, "dicho enigmático", p.ej., *huáng juàn yòu fù* 黄绢幼妇 *amarillo seda joven mujer "excelente"¹⁰
- *fāng yán* 方言 *local dicho "dicho dialectal", p.ej., *bù dāng jiā huā lā* 不当家花拉¹¹ *no manejar+asuntos+de+la+casa PART. "no mandar en casa"
- *gé yán* 格言 *norma palabra "máxima", p.ej., *mǎn zhāo sǔn, qiān shòu yì* 满招损，谦受益 *Soberbia provocar pérdida, modestia recibir beneficio (la soberbia provoca desastre, la modestia recibe beneficios) "hay que ser modesto" (Confucio)
- *wài lái yǔ* 外来语 *fuera venir dicho "palabra compuesta procedente de una lengua extranjera", p.ej., *wǔ tǐ tóu dì* 五体投地 *cinco parte+de+cuerpo tocar suelo (prosternarse de rodillas tocando el suelo con los codos y la cabeza) "asentir con profundo respeto; admirar muy profundamente"¹²
- *diǎn gù* 典故 *alusión relato "alusión literaria", p.ej., *sài wēng shī mǎ* 塞翁失马 "Las aflicciones a veces son bendiciones disfrazadas¹³"

---

⁹ *Huáng lián* (黄莲 "*Coptis chinensis*") es una especie de planta medicinal perteneciente a la familia *Ranunculaceae*. Es nativa de China. Tiene un sabor tremendamente amargo.

¹⁰ No se trata de una metáfora, sino de un juego de palabras: a través de los primeros dos caracteres 黄绢(*huáng juàn**amarillo tela+de+seda) se deduce el carácter 绝 (*jué* "extremadamente"), asimismo a través de los últimos dos caracteres 幼妇 (*yòu fù* *joven mujer) se deduce el carácter *miào* (妙 "maravilloso"). De esta manera, esta expresión de cuatro caracteres en realidad hace referencia exactamente a lo que indica otra expresión *jué miào* (绝妙 "extremadamente maravilloso").

¹¹ *Huā lā* (花拉) es una palabra auxiliar.

¹² *Wǔ tǐ* (五体 *cinco parte+de+cuerpo) hace referencia a dos manos, dos rodillas y la cabeza. Cuando estas cinco partes tocan el suelo, se trata de un acto respetuoso en el Budismo, y significa "admirar muy profundamente".

¹³ Este fraseologismo viene de una fábula china: había un anciano que vivía con su único hijo en la frontera del estado. Un día, se le perdió un caballo. Sus amigos sentían pena por él, pero al viejo no le molestó nada la pérdida, y dijo:"¡Quién sabe, la pérdida puede traernos buena suerte!" Unos meses más tarde, ocurrió algo extraño. El caballo que se perdió regresó a la casa con otro

- "las frases condensadas de los dichos de los antecesores[14]", p.ej., *chū lèi bá cuì* 出类拔萃 *salir tipo destacar un+grupo+de+persona "descollar alguien entre sus semejantes; sobresalir"* [15]
- "las frases separadas de los dichos de los antepasados[16]", p.ej., *qiān lǐ é máo* 千里[17]鹅毛*mil medio+kilómetro pluma ganso (una pluma de ganso enviada desde una distancia de quinientos kilómetros)[18]"
- "los dichos de los antepasados[19]", p.ej., *bù rù hǔ xué, yān dé hǔ zi* 不入虎穴，焉得虎子*no entrar tigre guarida, cómo conseguir tigre hijo (la única manera de atrapar a cachorros de tigre es entrar en la guarida del tigre) "sin riesgo, no hay ganancia[20]"
- "palabras repetidas[21]" p.ej., *rú cǐ rú cǐ* (如此如此*como así como así "así así")
- *bǐ yù* (比喻*compara analogía "dicho figurado; metáfora"), p.ej., *bān mén nòng fǔ* 班门弄斧*Lu+Ban puerta lucirse hacha

---

caballo hermoso. Los vecinos felicitaron al anciano por su buena suerte. Pero el anciano les respondió: "¡Quién sabe, esto puede traernos mala suerte!" Un día, cuando el hijo del anciano estaba montando el caballo, se cayó, se le rompió la pierna y se quedó lisiado. Muchos amigos vinieron a consolar al viejo, pero el anciano no se sentía triste por el accidente, y les respondió:"¡Quién sabe, esto nos puede traer buena suerte!" Un año más tarde, sucedió una guerra. Todos los hombres jóvenes y fuertes fueron mandados para combatir a los invasores, y la mayoría de ellos murió en la guerra. El hijo del anciano no había podido alistarse porque estaba lisiado, salvando así su vida.

[14] *jiǎn suō qián rén de wén jù* 简缩前人的文句*breve encoger anterior persona PART. literatura frase.

[15] Viene de la frase completa *chū yú qí lèi, bá hū qí cuì* 出于其类, 拔乎其萃 *venir desde su tipo, salir tipo destacar un+grupo+de+persona "descollar alguien entre sus semejantes aunque venga del la misma clase"

[16] *gē liè qián rén de wén jù* 割裂前人的文句*cortar separar anterior persona PART. literatura frase.

[17] *Lǐ* (里): medida itineraria china (dos *li* equivale un kilómetro).

[18] Viene del poema de Huang Tingjian 黄庭坚 (1045-1105): *qiān lǐ zèng é máo* 千里赠鹅毛*mil medio+kilómetros regalar pluma ganso (una pluma de ganso enviada desde la lejanía a mil *Li*)"

[19] *yǐn yòng qián rén shuō de huà* 引用前人说的话*citar antepasado decir PART. dicho

[20] Proviene del libro antiguo *Hòu hàn shū* (后汉书 "*Libro de Han Posterior*").

[21] *chóng yán dié yòng* 重言叠用*repetir palabra repetir usar.

(lucirse en el manejo del hacha frente a la puerta de *Lu Ban*) "estimarse a sí mismo de forma excesiva²²"
- *zhuǎn yì* (转义*girar sentido "sentido traslaticio"), p.ej., *yù shí jù fén* 玉石俱焚*jade piedra todo calcinar (el jade y las piedras son igualmente calcinadas) "cosas tanto buenas como malas sufren la misma destrucción"
- *shēn yǐn* (申引*expresar citar), p.ej., *sī kōng jiàn guàn* 司空²³ 见惯*Si Kong ver habitual (el funcionario del corte imperial *Li Si Kong* se ha acostumbrado a estas ocasiones) "cosa corriente" proviene de un poema de *Liú yǔxī* 刘禹锡²⁴.
- un conjunto de palabras que proviene de los compuestos separados y metidos con palabras para restringir o modificar²⁵, p.ej., *qī líng bā suì* 七零八碎*siete suelto ocho disperso "estar muy roto"²⁶.
- la frase que contiene palabras de estilo elevado de lenguaje, que no se entiende por su significado literal, p.ej., *zhī hū zhě yě*

---

²² En la antigüedad, *Lu Ban* era considerado como un gran maestro, tanto en la construcción como en la escultura. Todos los carpinteros lo respetaban por ser un gran carpintero. Cuenta la leyenda que, un día, talló un fénix de madera de color que parecía real, que voló en el cielo durante tres días. Por este motivo se considera una tontería lucirse en el manejo del hacha frente a *Lu Ban*.

²³ *sī kōng* (司空) "una denominación de puesto oficial en la antigua China".

²⁴ La etimología de este *chengyu* es: en la dinastía Tang, había una persona llamada *Liú yǔxī* (刘禹锡) que destacaba tanto en hacer poesías como en escribir artículos. Fue nombrado alto funcionario de la Corte imperial, pero como era poco convencional fue excluido y mandado a ser un funcionario mucho más bajo en *Su Zhou*. Un antiguo *Si kong* corrupto *Li Shen* lo admiraba mucho por su talento en poesía y le invitó a un banquete a beber, enviando a unas cantantes para acompañarlos. Durante el banquete, *Liú yǔxī* hizo el poema: "*En este banquete lujoso, las cantantes visten a la moda, / cantando las canciones populares bonitas. Los invitados beben lo que quieran y disfrutan con gran animación; / Usted, el Si Kong pasa su tiempo disfrutando de una vida de libertinaje y se ha acostumbrado, / Pero yo, Liu Wanxi, me siento muy dolido por este fenómeno y me dan mucha pena las cantantes*". (*Gāo jì yún bìn xīn yàng zhuāng, / chūn fēng yī qū dù wéi niáng, / sī kōng jiàn guàn hún xián shì,/ duàn jǐn sū zhōu cì shǐ chán*. 高髻云鬟新样装，春风一曲杜韦娘，司空见惯浑闲事，断尽苏州刺史肠。)

²⁵ *jiāng fù zì cí chāi kāi, chā rù xiàn zhì huò xiū shì de cí* (将复字词拆开，插入限制或修饰的词*PART. compuesto carácter palabra separar abrir, meter dentro restringir o modificar PART. palabra).

²⁶ *qī líng bā suì* (七零八碎*siete suelto ocho disperso) se forma en esta manera: primero se separa la palabra compuesta *líng suì* (零碎*suelto y disperso), luego se meten los caracteres *qī* (七*siete) y *bā* (八*ocho) y los unen en un conjunto de cuatro caracteres.

之乎者也[27]"palabras pedantescas; expresiones arcaicas".

En esta clasificación, Fang Shenghui considera que los *chengyu* son una gran mezcla de los veintidós tipos de expresiones, englobando los *yanyu* (谚语"proverbio"), *xiehouyu* (歇后语"dicho alegórico de dos partes"), *guanyongyu* (惯用语 "expresión de uso habitual"), palabras compuestas, ect. A su clasificación le falta un criterio claro y fijo, por lo cual se entremezclan y se repiten entre los 22 tipos, con razones forzadas. Por ejemplo, el tipo nombrado *bǐ yù* (比喻*compara analogía "dicho figurado; metáfora") se clasifica basándose en el punto de vista retórico, pero el autor solamente menciona un tipo de figura retórica, omitiendo las demás, ya que los *chengyu* pueden formarse según diferentes figuras retóricas. Aparte de la metáfora, hay más de diez tipos, tales como hipérbole, metonimia, antítesis, repetición, imitación, etc. (Fang Shenghui 1943).

Esto nos demuestra la escasa compatibilidad entre los criterios funcionales lingüísticos y los criterios literarios y artísticos.

La edición de 1979 del diccionario *Ci hai* (辞海) ya define *chengyu* (成语) como "un tipo de *shuyu* (熟语) (*apud*. Shi Junhan 1988). El diccionario modificado *Ci yuan* (辞源) (1980) define *chengyu* como "palabras compuestas antiguas de uso habitual y secuencias fijas o frases cortas con significado completo[28]" (*apud*. Shi Junhan 1988).

En el libro *Yu yan xue gai lun* (语言学概论 "Introducción a la lingüística"), Gao Mingkai & Wang Anshi (1982, *apud*. Shi Junhan 1988) comentan que "*chengyu* es un tipo de secuencia fija y de uso habitual, que se ha formado gradualmente en el desarrollo de la lengua, la mayoría proviene de obras de épocas antiguas[29]."

Shi Junhan (1988) opina que "*cheng yu* (成语) es una secuencia fija que se forma según la regla gramatical y la regla

---

[27] Son las palabras de uso antiguo, que no tienen un significado concreto y funcionan como partículas; a día de hoy tienen muy poco uso.
[28] "习用的古语，以及表示完整意思的定型词组或短句。"
[29] "成语是固定词组的一种，它是语言发展中逐渐形成起来的习用的、定型词组，其中大部分都是古代文献中继承下来的。"

de la figura retórica, sentenciosa, y con significado completo[30]".
Esta definición equivaldría a la que Julia Sevilla (1993) ofrece para los *refranes* españoles que, si fuera cierta, significaría que los *chengyu* (成语) no incluyen ninguna locución.

En resumen, la clasificación de Fang Shenghui [方绳辉] (1943), dejando de lado sus excesivas subclases, tiene el mérito de haber planteado los problemas que los investigadores posteriores tendrían que intentar resolver, pues deja claro que el *chengyu*, entendido como hiperónimo, conlleva una serie de imprecisiones y contradicciones a lo largo de todo el discurso teórico sobre la fraseología china. Se llega así a un momento de confusión en el que las taxonomías se contradicen demasiado entre sí. Por ejemplo:

- Para el diccionario *Ci yuan* (辞源) (1980), el *chengyu* es un tipo de *suyu* (俗语) mientras que para Fang Shenghui (1943) es lo contrario: el *suyu* (俗语) sería sólo uno de los 22 tipos de chengyu.
- Para Fang Shenghui, los *yanyu* (谚语) no son sentenciosos, a pesar de que esa palabra lo implica generalmente, pues equivale a "proverbio". En cambio, incluye secuencias sentenciosas en sus ejemplos de *suyu*.
- La diferencia entre lo "rústico" (*bǐ yǔ* 鄙语) y lo "vulgar" (*shì yǔ* 市语) [Fang Shenghui (1943)] resulta ambigua y, como mínimo, poco operativa.
- Para un autor como Shi Junhan (1988), los *chengyu* equivaldrían sólo a los proverbios definidos por Julia Sevilla (1993), mientras que, para el diccionario *Ci yuan* 辞源 (1988), *chengyu* (成语) es un hiperónimo que abarca muchas subclases de fraseologismo. En cambio, para la tradición, *chengyu* sería cualquier fraseologismo, a condición de tener cuatro sílabas.

1.2.1.2. La teoría de Sun Weizhang (1989)

Según Sun Weizhang (1989: 75), el *chengyu* es una subclase del *shuyu*, es una forma lingüística más familializada y popular en el pueblo chino, que siempre ha desempeñado un papel muy importante en el léxico. Tiene una historia larga, un acervo muy rico, y un uso frecuente. Además, presenta unas características

---

[30] "成语是既按语法规则又按修辞规则组合起来的结构紧密、意思精辟的有特定的完整意义的固定词组。"

muy peculiares tanto en la forma como en el contenido. Los *chengyu* no sólo poseen las características comunes de los *shuyu* (tales como la fijación formal, la estabilidad semántica, la idiomaticidad y variación potenciales, etc.), sino que también presentan sus peculiaridades propias. La mayoría de los *chengyu* tienen cuatro caracteres (aunque también existe una pequeña cantidad con más). Además, hay muchos *chengyu* que antes tenían más caracteres, pero se han ido reduciendo a cuatro debido a la influencia de la mayoría de estas unidades (Sun Weizhang 1989, *apud.* Wu Fan 2014:30, 41).

Sun Weizhang (1989) destaca las siguientes características de esta subclase:

A) Paralelismo

El paralelismo es una característica destacada y prototípica del *chengyu*. La etnia *Han* tiene un gusto especial por las cosas pares, tanto en la vida como en el uso de la lengua. El paralelismo y la métrica del *chengyu* efectivamente demuestran este gusto y exigencia de elegancia formal. La mayoría de los *chengyu* es de cuatro caracteres, aunque hay algunas excepciones. Por ejemplo:

(1) de tres caracteres:
   - *pò tiān huāng*
   破天荒
   *roturar tierras baldías
   "ocurrir por primera vez, sin precedentes" (Wu Fan 2014:30)

(2) de cinco caracteres:
   - *táo lǐ mǎn tiān xià*
   桃李满天下
   *melocotón ciruela lleno cielo bajo
   (tener melocotones y ciruelas en todas las partes)
   "tener alumnos por todas partes"

(3) de seis caracteres:
   - *fēng niú mǎ bù xiāng jí*
   风牛马不相及
   *viento buey caballo no cruzarse llegar
   "no tener nada que ver con; no tener ninguna relación mutua".

También hay bastantes *chengyu* que antes no eran de cuatro caracteres y que, sin embargo, por analogía con la mayor parte de los demás, se han reducido a cuatro mediante elipsis, por ejemplo: *yī yàng **(huà)** hú lu* 依样(画)葫芦 (Wu Fan 2014:36).

Desde el punto de vista de la estructura fonológica, los *chengyu* de cuatro caracteres tienen un ritmo uniforme, cada dos sílabas se forman en una unidad básica de ritmo, cada dos se corresponden. Como los *chengyu* son, en general, de cuatro caracteres (o sílabas), se estructuran de manera simétricamente arreglada en un ritmo binario, es decir, cada *chengyu* se divide en dos unidades de compás, elemento métrico-prosódico e incluso visual, ya que a cada sílaba le corresponde un carácter.

Desde el punto de vista gramatical, la mayoría de los *chengyu* de cuatro caracteres contiene dos partes, principalmente de estructura coordinada yuxtapuesta. Dos sílabas forman una estructura sintáctica, luego, dos estructuras sintácticas de este tipo constituyen un *chengyu* de estructura más compleja, como los siguientes ejemplos:

    (1) *bào fēng - zhòu yǔ*
        暴风-骤雨
        *impetuoso viento – repentino lluvia
        "tormenta"
    (2) *xīn píng - qì hé*
        心平-气和
        *corazón tranquilo – manera suave
        "tranquilo y apacible, sin inquietud ni enfado"

B) Antítesis

Desde el punto de vista de su estructura gramatical, los *chengyu* de cuatro caracteres también pueden conllevar la figura retórica de la antítesis en vez del paralelismo. Es decir, en total, un *chengyu* tiene 4 puestos: los dos caracteres de primer y tercer puesto llevan un significado similar o contrario, al igual que los otros dos caracteres de segundo y cuarto puesto, formando un *chengyu* de estructuras paralelas. Hay siete formas de combinaciones, aquí solamente se listan algunas, por ejemplo:

(1) el primero y el tercer son sinónimos, y el segundo y el cuarto son sinónimos.
    gǎi tóu - huàn miàn
    改头-换面

*cambiar cabeza - cambiar cara
"cambiar sólo el aspecto de una cosa desfigurando su forma natural; hacer cambios superficiales"

(2) el primero y el tercer son sinónimos; el segundo y el cuarto son anónimos
  tóng gān - gòng kǔ
  同甘-共苦
  *compartir dulce - compartir amargo
  "compartir alegrías y penas"

(3) el primero y el tercero son antónimos; el segundo y el cuarto son antónimos.
  hào yì – wù láo
  好逸-恶劳
  *amar ocio - odiar trabajo
  "tener inclinación por la vida fácil y desganar hacia el trabajo"

C) Simetría

La estructura de cuatro caracteres es la base del paralelismo del *chengyu*. En el motivo métrico de cuatro caracteres, muchos *chengyu* forman a propósito una estructura paralela aun a riesgo de tener un significado redundante, ya que incluye unidades paralelas que expresan lo mismo. Bajo esta influencia, antiguamente, algunos *chengyu* eran una frase entera, pero luego se convirtieron en una estructura de cuatro caracteres, como en el caso del siguiente *chengyu*:

  - *pái yōu jiě nán*
  排忧解难
  *eliminar preocupación resolver dificultad
  (ayudar a otro a eliminar las preocupaciones y a resolver los problemas)

Éste originalmente proviene de una frase[31] de la obra *Zhan guo ce. zhao ce* (战国策•赵策). En esta forma, la frase se ha condensado solamente en cuatro caracteres y se convierte en un típico *chengyu*.

---

[31] 所贵于天下之士者，为人排患，释难，解纷乱而无所取也。"Lo que los hombres virtuosos se preocupan es ayudar a los demás a eliminar las preocupaciones y conciliar las desavenencias sin pedir remuneración."

D) Condensación

Según Sun Weizhang (1989: 78), los *chengyu* tienen una forma muy breve, a la vez que expresan un contenido muy rico y un sentido profundo. La condensación del *chengyu* se manifiesta tanto en la forma breve como en el sentido rico. Esta característica se resume con la expresión *yán jiǎn yì gāi* [言简意赅 *palabra breve significado completo "conciso y compendioso"] que también es un hipónimo de *chengyu*.

- Por su etimología, muchos *chengyu* provienen de fábulas, cuentos, leyendas y asuntos históricos resumidos y condensados.
- Por su forma, los *chengyu*, generalmente llevan sólo palabras monosílabas, no bisilábicas.
- Los *chengyu* poseen un sentido rico, penetrante y completo, debido a que cuentan con cuatro sentidos semánticos: el sentido etimológico[32], el sentido aparente[33], el sentido oculto[34] y el sentido retórico/estilístico[35] (Sun Weizhang 1989:79-80), por ejemplo: *qìng zhú nán shū* 磬竹难书*agotar bambú difícil escribir "ser incontable".

(i) Sentido etimológico: Esta expresión viene del *Antiguo Libro de Tang*[36] –*Li M Zhuani*[37], donde se cuenta la historia de *Li Mi*, líder del ejército rebelde, contra el Emperador *Yang* de la dinastía *Sui* (581-618)[38], que finalmente se entregó al Emperador Gaozu de la dinastía *Tang* (618-917). En su llamamiento al ejército rebelde escribió lo siguiente, contando los crímenes innumerables del Emperador Yang: *"Aunque se corten todos los bambúes de la montaña Nan, no son suficientes para registrar todos los crímenes que ha cometido (el Emperador Yang)..."*[39],[40]

---

[32] *bèi jǐng yì yì* 背景意义*antecedente sentido "sentido etimológico"
[33] *biǎo céng yì yì* 表层意义*superficie sentido "sentido aparente"
[34] *shēn céng yì yì* 深层意义*profundo sentido "sentido oculto"
[35] *Xiū cí yì yì* 修辞意义* retórico sentido "sentido estilístico"
[36] *Jiù táng shū* 旧唐书 ["Antiguo Libro de Tang"], editado por *Liu Xu* en el año 941, es la primera obra clásica acerca de la dinastía Tang (618-907) (*apud.* Wu Fan 2014:43).
[37] *Jiù táng shū • lǐ mì chuán* (旧唐书•李密传*antiguo Tang libro • Li Mi leyenda)
[38] La gente lo llama *Suí yáng dì* (隋炀帝*Sui Yang Emperador)
[39] "磬南山之竹，书罪未穷；决东海之波，流恶难尽"

(Sun Weizhang, 1989:80, apud. Wu Fan 2014:43).

(ii) Sentido aparente: habría que cortar todos los bambúes para hacer las tablillas y pese a ello, no serían suficientes para registrar algo.

(iii) Sentido oculto: aplicado a crímenes, demasiado numerosos para ser contados.

(iv) Sentido estilístico: expresa una exageración (hipérbole) hacia el objeto de la descripción, pero con un estilo elegante y solemne. En este caso el odio hacia el tirano.
(Sun Weizhang 1989:80, *apud.* Wu Fan 2014:43)

E) Lenguaje escrito

(1) Los *chengyu* pertenecen principalmente al lenguaje escrito, debido a varios factores relacionados con la historia de su formación y evolución, el estilo de su estructura y su semántica. Una gran cantidad de *chengyu* proviene de obras literarias antiguas, manteniendo el estilo del lenguaje arcaico.

(2) Muchos *chengyu* no solo mantienen el estilo del lenguaje antiguo en su conjunto, también lo mantienen en sus componentes y relación estructural. Es decir, los *chengyu* todavía contienen caracteres que, actualmente, ya no se usan, a modo de arcaísmos léxicos o gramaticales, por ejemplo:
- *xuè zú shì lǚ*
削足适履
*cortar pie ajustar zapato
(recortar los pies para que le quepan en los zapatos)
"actuar absurdo y mecánicamente"
Cf. **esp.** *lecho de Procusto.*
En este *chengyu,* el ideograma *lǚ* (履) es una palabra antigua que no se utiliza hoy en día, salvo como componente de este *chengyu*.

---

[40] En la antigua China se utilizaban las tablillas de bambú para escribir sobre ellas.

(3) La característica de pertenecer al lenguaje escrito tiene mucho que ver con la condensación del *chengyu*. Las palabras monosílabas del idioma chino antiguo mayoritariamente han evolucionado y se han convertido en palabras bisilábicas o multisilábicas en la época actual. Pero, las palabras monosilábicas se consideran morfemas en chino moderno, y se utilizan para construir palabras compuestas. Ya no se emplean en la comunicación práctica, y mucho menos en el lenguaje coloquial. Mientras sus equivalentes bisilábicos sí que se usan hoy en día, las monosílabas son más cultas, p.ej., *jīng* (惊 *asustar) y *chī jīng* (吃惊*asustarse). Muchos *chengyu* todavía contienen los ideogramas monosílabos, por ejemplo, *chù mù jīng xīn* (触目惊心*tocar ojo asustarse corazón), forma libresca que significa "alarmarse tras ver algo".

F) fijación y uso habitual[41]

(1) Antigüedad

Muchos *chengyu* se remontan a un tiempo antiguo y se han usado sin ningún cambio, ni en la forma ni en el sentido. Por ejemplo, *láng zǐ yě xīn* (狼子野心*lobo cachorro salvaje corazón "ambición siniestra") ya tiene una antigüedad de 2613 años, pero no ha tenido ningún cambio ni en la forma ni en los significados (literales y figurativos) (Sun Weizhang 1989:82, *apud.* Wu Fan 2014:43).

(2) Uso universal y uniforme

Los *chengyu* se usan extensamente en todas las partes de China, con muy pocas variedades locales. A pesar de que existen numerosos dialectos en Mandarín, los *chengyu* siguen utilizándose con su forma fija y sentido originales. Además, los *chengyu* se emplean principalmente en la lengua escrita, que es muy estable, por lo que dichas unidades consiguen permanecer como antes.

(3) Uso frecuente

Debido a que los *chengyu* son breves y expresivos, a mucha

---

[41] *xí yòng xìng* 习用性 *habitualmente usar característica "fijación y uso habitual".

gente le encanta emplearlos. Además, su uso es extensivo, pudiéndose utilizar en muchas ocasiones, tanto en la literatura como en obras científicas. Cuanto más culto es el hablante, más los usa (Wu Fan 2014:43).

(4) Uso fijo

Los *chengyu* aparecen frecuentemente tanto en el escrito como en el oral, y pasan de generación en generación. Gradualmente se han convencionalizado y se quedan inexorablemente fijos. Por la influencia del hábito, la gente no suele cambiarlos (Wu Fan 2014:43-44).

1.2.1.3. Algunas teorías modernas

En opinión de Wang Xiaoqin (2005: 32-33), el *chengyu* (成语) es una secuencia fija que el pueblo utiliza habitualmente, que tiene un significado completo, estructura fija, expresión sentenciosa, y significación rica, y que mayoritariamente se forma con cuatro caracteres. Según su origen, el *chengyu* se subcategoriza en los siguientes cuatro tipos:

- "*chengyu* de leyendas o fábulas"[42], p.ej., *kè zhōu qiú jiàn*[43] 刻舟求剑 *grabar barco buscar espada (grabar una señal en un lado del barco para indicar el sitio donde la espada ha caído en el río) "tomar medidas sin considerar los cambios de las circunstancias";
- "*chengyu* de dichos comunes o proverbios"[44], p.ej., *wáng yáng bǔ láo* 亡羊补牢 *morir oveja arreglar redil (reparar el redil aun después de que una oveja se haya perdido) "No es demasiado tarde para tomar las medidas apropiadas cuando se comete un error"[45];

---

[42] *shén huà yù yán gù shì xíng chéng de chéng yǔ* (神话寓言故事形成的成语)

[43] Un hombre del reino de *Chu* estaba cruzando un río en un barco. De pronto, su espada se cayó al agua. Inmediatamente él hizo una marca en el barco y dijo: "Aquí es donde mi espada se cayó". Cuando el barco dejó de moverse, este hombre entró en el agua en busca de su espada en el lugar del barco donde había hecho la marca. El barco se había desplazado, pero la espada no, así que buscarla de esta manera es una necedad.

[44] *lǐ yǔ sú yàn xíng chéng de chéng yǔ* (俚语俗谚形成的成语)

[45] Érase una vez un pastor que tenía varias ovejas. Una mañana, descubrió que una de ellas se había perdido. Resultó que, durante la noche, un lobo la había robado a través de un agujero en el redil. Su vecino le sugirió: "Debes arreglar el redil y cubrir el agujero de inmediato." Pero el pastor le respondió: "La oveja ya está perdida, así que no es necesario repararlo." A la mañana siguiente,

- "*chengyu* de anécdotas históricas"⁴⁶, p.ej., *pò fǔ chén zhōu* 破釜沉舟 *romper olla hundir barco (romper las ollas y echar a pique las naves después de haber pasado el río) "privarse de toda posibilidad de retroceder"⁴⁷;
- "*chengyu* de la frase célebre o palabra de los célebres"⁴⁸, p.ej., *xué ér bù yàn* 学而不厌 *aprender pero no satisfecho "ser insaciable al aprender⁴⁹";
- "*chengyu* de obras de literatura"⁵⁰, p.ej., *hǎi nèi cún zhī jǐ, tiān yá ruò bì lín* 海内存知己，天涯若比邻*mar dentro existir conocer amigo íntimo, extremo+del+mundo como vecino⁵¹ (uno tiene amigos en diferentes lugares del mundo, y aunque están muy lejos, los siente como si estuvieran al lado "la íntima amistad borra la lejanía".

Lan Feifei (2013) añade que algunos autores opinan que incluso los *chengyu* deberían tener significación histórica y nacional, así como ser compuestos principalmente por caracteres monosilábicos, por ejemplo,

- *bān mén nòng fǔ*
  班门弄斧
  **Lu+Ban* puerta mostrar hacha
  (mostrar la habilidad con el hacha en frente de la

---

descubrió que otra oveja faltaba. El lobo la había vuelto a robar a través del agujero del redil. El pastor se arrepintió de no haber hecho caso a la sugerencia de su vecino. Inmediatamente, arregló el redil. A partir de entonces, el lobo no volvió a robar ninguna oveja.

⁴⁶ *lì shǐ shì jiàn xíng chéng de Cheng yǔ* (历史事件形成的成语)
⁴⁷ Durante los últimos años de la dinastía *Qin* (221-206 d. C.), *Xiang Yu* encabezó una rebelión. Después de cruzar el río *Zhang*, ordenó a sus hombres hundir todos los barcos y romper sus ollas de cocina. Él repartió a cada soldado comida para los tres días y les advirtió que no había manera de retirarse, lo único que podían hacer para sobrevivir era avanzar y luchar. De esta forma, todos los soldados lucharon valientemente y ganaron la batalla. Este *chengyu* se utiliza para referirse a "una firme voluntad de lograr una meta a cualquier precio".
⁴⁸ *míng rén míng yán děng yī xiē gé xíng chéng de Chéng yǔ* (名人名言等一些形成的成语)
⁴⁹ De las palabras de Confucio, en su obra *Lún yǔ* 论语.
⁵⁰ *shī cí wén fù xíng chéng de Chéng yǔ* (诗词文赋形成的成语). El término que Wang Xiaoqin usa para explicar este tipo de *chengyu* es considerablemente largo, la autora lo resume en una forma más breve según la idea en este artículo.
⁵¹ "uno tiene amigos en diferente lugares del mundo y, aunque estén muy lejos, se sienten como si estuvieran al lado) "la íntima amistad borra la lejanía". Del poema *sòng dù shǎo fǔ zhī rèn shǔ zhōu* (送杜少府之任蜀州) de poeta conocido Wang Bo (王勃).

puerta de *Lu Ban*, el maestro carpintero)
"mostrar una habilidad ante un experto";

- *zhǐ lù wéi mǎ*
  指鹿为马[52]
  *señalar ciervo ser caballo
  (llamar ciervo a un caballo)
  "confundir deliberadamente lo correcto y lo incorrecto".

De ese modo, el concepto de fraseologismo se estrecha considerablemente, y las locuciones de cuatro caracteres formadas en una etapa reciente y que llevan un estilo moderno y coloquial ya quedan excluidas, por ejemplo,

- *fēng píng làng jìng*
  风平浪静
  *viento tranquilo ola tranquilo
  (el viento se calmó, y las olas se calmaron)
  "todo va muy bien".

Tradicionalmente el chino llama *chengyu* (成语) a unas unidades que no coinciden con las taxonomías occidentales pareciéndose a las locuciones idiomáticas en unas cosas, y a los proverbios en otras. Deben tener cuatro sílabas, y a menudo cumplen la función textual que tienen las citas de autores greco-latinos para los occidentales (Gianninotto 2011: 59).

1.2.2. El concepto de *shuyu* (熟语)

Antes de los años cincuenta del siglo XX, se investigaban y se compilaban los diferentes tipos de UFs chinas, pero no se

---

[52] Cuando Hú hài (胡亥 229 a.C. - 207 a.C) era el Segundo emperador de la dinastía Qin, el primer ministro Zhào gāo (赵高) siempre quería apoderarse de la corona. Para saber cuántos ministros lo apoyarían, a Zhao Gao le ocurrió una intriga. Un día, cuando fue a la Corte, le mandó traer un ciervo y le dijo al emperador *Hu Hai* que le regalaría un buen caballo. El emperador dijo que no era un caballo sino un ciervo. Zhao Gao preguntó a todos los ministros que estaban presentes en la Corte. Algunos ministros honestos y valientes insistieron en que era un ciervo; algunos que tenían sentimiento de justicia pero eran tímidos se quedaban en silencio; los malvados en la parte de Zhao Gao confirmaron que era un caballo. Luego, a través de diferentes medios, Zhao Gao castigó o incluso mató a todos los que estaban en contra de él. Esta locución se refiere a "presentar a propósito lo erróneo como justo".

empleaba el término *shuyu* (熟语) como hiperónimo. Durante mucho tiempo, las UFs chinas se consideraban como una parte de un campo léxico, por ejemplo, en el libro *Han yu ci hui jiang hua* (*汉语词汇讲话* "Discurso sobre el léxico chino") (Zhou Zumo 1959), se considera que un tipo de UFs, el *chengyu*, se incorpora en el campo de investigación de la lexicología (p. 63). En el libro *Xian dai han yu ci hui gai yao* (*现代汉语词汇概要* "Compendio del léxico chino") (Wang Qin & Wu Zhankun 1957), el *chengyu* se trata en un capítulo aparte. En 1985, el concepto *shuyu* apareció por primera vez en el libro de texto (Hu Yushu 1985)[53] de la asignatura "Lengua y Literatura China" (*yǔ wén* 语文) para la educación superior. Además, se trata como un componente del léxico, englobando el *guan yong yu* (惯用语), el *chengyu* (成语), el *xie hou yu* (歇后语), el *yanyu* (谚语), el *geyan* (格言), etc. (Yao Xiyuan 2013).

1.2.2.1. La taxonomía de Wang Dechun (1983)

Wang Dechun (王德春) es uno de los conocidos lingüistas que estudiaban sistemáticamente los *shuyu* (熟语) en los años ochenta. En su libro *Ci hui xue yan jiu* (词汇学研究 "Estudio de la lexicología"), Wang Dechun (1983:50-65), basándose en las características de los *shuyu*, propone una clasificación, muy novedosa en la cual el término *shuyu* también es un hiperónimo de los cinco subgrupos, como señala el siguiente esquema:

shuyu (熟语)
- *chengyu* 成语
- *yanyu* 谚语
- *geyan* & *jingju* 格言&警句
- *xie hou yu* 歇后语
- *suyu* 俗语 & *guan yong yu* 惯用语

Clasificación de Wang Dechun (1983)

---

[53] *Xian dai han yu* (现代汉语 "Lengua china moderna") (Hu Yushu 1985)

- *shuyu* (熟语*familiar palabra/dicho) se define como una secuencia hecha o un enunciado fijo de uso habitual en una lengua[54].
- *chengyu* (成语*hecho palabra) se define como una secuencia fija o frase breve fija de uso habitual, que generalmente se forma con cuatro caracteres (o sílabas). Cuando se emplean en el habla, los *chengyu* funcionan como si fueran una palabra[55], aunque en realidad sean una combinación de palabras[56].
- *yanyu* (谚语 *dicho palabras) se define como un enunciado fijo con significado relativamente completo; la mayoría de los *yanyu* es la cristalización de la sabiduría y de la experiencia del pueblo[57].

El autor junta en una misma clase los *geyan* (格言*norma dicho) & *jingju* (警句*advertir enunciado). Estos se definen como los dichos clásicos o citas de autores famosos de uso habitual, que son sentenciosas[58].

- Los *geyan* (格言*norma dicho) provienen generalmente de obras antiguas y se han transmitido extensamente hasta nuestros días; además, son sentenciosos.
- Los *jingju* (警句*advertir enunciado) se suelen referir a los dichos de célebres épocas relativamente modernas; además, tienen mucho que ver con la persona famosa que inventó el dicho. Cuando alguien utiliza estos dichos, no solamente piensa en su sentido ilustrativo, también los asocia con el autor original.
- *xie hou yu* (歇后语*suspender posterior dicho) es un dicho alegórico de dos partes: la primera describe algo metafóricamente, la segunda lo da a entender explícitamente en un sentido recto, que se usa mucho en lenguaje coloquial del pueblo[59].

---

[54] "熟语是语言中习用的固定词组和固定句子。" p77
[55] Equivale al término "locución" en español.
[56] "成语在使用时相当于一个词。它们是一种习用的固定词组或固定短句。绝大多数成语都是由四个音节组成的。成语是词的组合。" p50-51
[57] "谚语是意义相对完整的固定句子。大部分谚语是人民经验的结晶。" p54
[58] "格言和警句是习用的经典之言，名人之语。" p59-61
[59] "歇后语是民间口语中习用的一种譬解语。由两部分组成。前半截常常是形象的譬喻，后半截是解语，用来直接说明和表白事理。"p62-63

El autor junta en una misma clase los *suyu* (俗语*popular dicho) & *guan yong yu* (惯用语*habitual uso dicho).

- *suyu* 俗语 (*popular dicho) es un dicho fijo popular y coloquial; es sentillo, fácil, y tiene un cierto sentido metafórico[60].
- *guan yong yu* 惯用语 (*habitual uso dicho) también es un dicho fijo de uso habitual en la lengua[61]. En la comunicación cotidiana, p.ej., las expresiones de uso habitual para saludar y las expresiones habituales que se usan en el trato social son *guan yong yu*. Por ejemplo, *Nǐ hǎo* (你好*tú bien "¿qué tal?"), *Zài jiàn* (再见 otra+vez ver "hasta luego"), *duì bù qǐ* (对不起*hacia no poder "perdón"), *chī bù xiāo* (吃不消*comer no digerir "no poder soportar o sufrir"), *pèng dīng zi* (碰钉子 *encontrar clavo SUF. "ser rechazado y reprochado"), etc. Esta categoría incluye aquellas que son heterogéneas comparadas con el español, ya que mezcla fórmulas con locuciones.

Aunque esta taxonomía es conservadora en su terminología, empieza a hacer distinciones funcionales propiamente lingüísticas.

1.2.2.2. La taxonomía de Zhou Jian (1988)

Zhou Jian (1998) no ha hecho una definición clara de *shuyu*, pero en su libro *Cí huì xué wèn ti* (词汇学问题 "Cuestiones de lexicología") ha propuesto la categoría de *shuyu* (熟 语), empleando este término como hiperónimo de los demás tipos de fraseologismo chino y adoptando también criterios sociolingüísticos.

---

[60] "俗语这种习用的固定语句的特点是通俗化、口语化。它主要是在人民口语中使用，一般都是浅显易懂，也有一定的形象比喻。" p65

[61] "惯用语也是语言中一种习用的固定语句。" P65

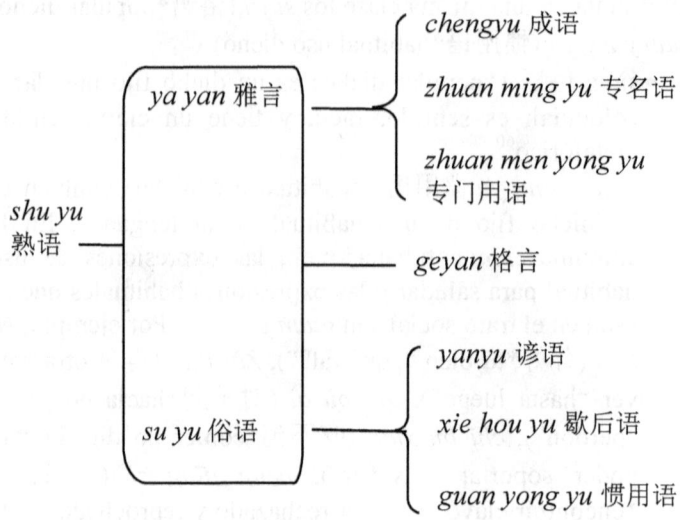

Clasificación de Zhou Jian (1988)

- Los *suyu* (俗语) son dichos populares, que son muy utilizados por la clase social baja, incluyendo *yanyu* (谚语), *xie hou yu* (歇后语), y *guan yong yu* (惯用语).
- *Ya yan* (雅言) se opone a *su yu* (俗语 dicho popular) porque es refinado y elegante. Se refiere a las expresiones fijas, formales, serias, o refinadas.

Dentro de los *yayan* (雅言) están:

• *chengyu* (成语*hecho expresión)

Es una unidad con palabras clásicas y refinadas, mayoritariamente de cuatro sílabas.

• *zhuan ming yu* (专名语*especial nombre expresión [expresión de nombre particular])

Se refiere a una secuencia de palabras que designa un sitio importante, distrito, país, organismo o institución importante[62], prensa, libro famoso, nombre, título, cargo,

---

[62] Según Yao Xiyuan (2013), el *shuyu* (熟语), en general, contiene varios tipos de significado, tales como significado literal, significado extendido, significado figurativo. Los *shu yu* son los sintagmas o frases breves que se utilizan permanentemente en la forma oral o escrita, con sentido profundo de figura retórica, y con una forma sintáctica fija.[62] Los sintagmas que se refieren a algo específico tienen un uso fijo de denominación, p. ej., el nombre propio *Zhōng huá rén mín gòng hé guó* (中华人民共和国 "la República Popular China"), no

rango, etc., que equivale a las "construcciones onímicas" de Zuluaga (1980) o Pamies (2007a)". Puesto que estos nombres son importantes y conocidos, pertenecen al habla culta, por lo tanto al *ya yan*.

• *zhuan men yong yu* (专门用语*especial uso expresión [expresión de uso especial] "terminología")
Manifiesta los conceptos científicos de todas las profesiones o ramas. Este término equivale a los "fraseotérminos" de Pamies (2007a) o Montoro (2008).

- *yanyu* (谚语*refrán dicho)
Es un dicho fijo que se transmite entre el pueblo, tiene carácter sentencioso y utiliza palabras sencillas.

- *xie hou yu* (歇后语*suspender posterior dicho [dicho con la segunda parte suspendida])
Contiene dos partes, la primera parte es una introducción, y la segunda una explicación. De este modo, es la segunda parte la que indica exactamente el sentido básico de dicha unidad.

- Los *guan yong yu* (惯用语*habitual uso expresión [expresión de uso habitual])
Se refieren a todos los *suyu* (俗语"dichos populares") que no son ni alegóricos bimembres ni sentenciosos.

- *geyan* (格言*norma dicho [dicho breve que expresa un principio moral]):
Ajeno tanto a los *yayan* (雅言"dichos refinados") como a los *suyu* (俗语 "dichos populares") están los *geyan,* que son citas famosas. Algunos *geyan* pertenecen a *yayan* (雅言"dichos refinados"), mientras que otros pertenecen a *suyu* (俗语"dichos populares"). Por tanto, conviene tratar los *geyan* como un grupo independiente para evitar escindirlos por razones exclusivamente sociolingüísticas.

1.2.2.3. Las cuatro maneras principales de clasificar los fraseologismos (antes de 1989)

Sun Weizhang (1989) repasa los criterios teóricos anteriores e identifica cuatro maneras principales de clasificar los fraseologismos.

---

lleva la misma función como *shu yu*.

El primer esquema ha sido empleado en el libro *Xiàn dài hàn yǔ* (现代汉语 "Chino moderno") (Hu Yushu 1981)[63], en el diccionario *Ci hai* 辞海 (1979) y en el libro *Xiàn dài hàn yǔ* (现代汉语 "Chino moderno") (Huang Borong & Liao Xudong 1981), entre otros.

(1)

Shu yu
熟语
{
chengyu (成语 "frase hecha, en general de 4 sílabas")

guan yong yu (惯用语 "expresión de uso habitual")

yanyu (谚语 "dicho popular y sentencioso")

geyan (格言 "cita famosa")

xiehouyu (歇后语 "dicho alegórico de dos partes")
}

Las segunda clasificación se ha empleado en los siguientes diccionarios: *Han yu cheng yu xiao ci dian* 汉语成语小词典 (1996), *Hàn yǔ chéng yǔ cí diǎn* 汉语成语词典 (1978)[64], *Yan yu• ge yan• xie hou yu* 谚语•格言•歇后语 (Ning Ju 1980[65]), entre otros. En ella, *shuyu* (熟语) no es el hiperónimo general porque no incluye a los *chengyu* (apud. Sun Weizhang 1989).

---

[63] *Shuyu* tiene una extensión muy amplia, incluyendo *guanyongyu*, *chengyu*, *xiehouyu*, *yanyu*, y *geyan*, etc. (熟语的范围相当广，包括惯用语，成语，歇后语，谚语，格言等。) (1981: 293)
[64] "Este libro contiene, en total, aproximadamente 5.500 artículos de *chengyu*, entre los cuales incluye unos pocos *shuyu* de uso frecuente." (本书共收成语约五千五百条，其中包括了少量的常用熟语。)
[65] "A nuestro parecer, *shuyu* y *chengyu* son los dos campos en paralelo." (我们认为，熟语和成语是两个并列的范畴) (Ning Ju 1980: 3)"

(2)
$$\text{Shuyu} \begin{cases} \textit{chengyu} \text{ (成语 "frase hecha, en general de 4 sílabas")} \\ \begin{cases} \textit{guan yong yu} \text{ (惯用语 "expresión de uso habitual")} \\ \textit{yanyu} \text{ (谚语 "dicho popular y sentencioso")} \\ \textit{geyan} \text{ (格言 "cita famosa")} \\ \textit{xie hou yu} \text{ (歇后语 "dicho alegórico de dos partes")} \end{cases} \end{cases}$$
(熟语 "expresiones familiares")

La tercera clasificación ha sido utilizada en un libro anónimo llamado *Yu yan xue gai lun* 语言学概论 ["Introducción a la Lingüística"] (1957, apud. Sun Weizhang 1989)[66]. En ella, el hiperónimo tampoco es *shuyu* (熟语"expresiones familiares"), sino *guanyongyu* (惯用语 "expresión de uso habitual"), mientras que *shuyu* (熟语"expresiones familiares") es una subclase.

(3)
guan yong yu (惯用语 "expresión de uso habitual")
$$\begin{cases} \textit{chengyu} \text{ (成语 "frase hecha, en general de 4 sílabas")} \\ \textit{shu yu} \text{ (熟语"expresiones familiares")} \\ \textit{yanyu} \text{ (谚语 "dicho popular y sentencioso")} \\ \textit{geyan} \text{ (格言 "cita famosa")} \\ \textit{xie hou yu} \text{ (歇后语 "dicho alegórico de dos partes")} \end{cases}$$

La cuarta clasificación ha sido defendida en otro libro de lingüística por Song Zhenhua & Wang Jin Zheng 1979, apud. Sun Weizhang 1989)[67] *Yŭ yán xué gài lùn* (语言学概论 ["Introducción a la lingüística"]). En ella, no existe un

---

[66] "Con respecto a los *guan yong yu* del chino moderno, se pueden dividir en *shu yu, chengyu, xie hou yu* y *yanyu*." (就现代汉语的惯用语来说，可以分为熟语，成语，歇后语和谚语几小类。)
[67] "*Guan yong yu* también se llama "*shuyu*", y es una secuencia fija (frase hecha) que el pueblo usa oral y habitualmente." (惯用语又叫"熟语"， 是人民群众口头上惯用的一种固定词组。)

hiperónimo para "fraseologismo" y *shuyu* (熟语) sería un mero sinónimo de *guan yong yu* (惯用语 "expresión de uso habitual").

(4)
- *chengyu* (成语 "frase hecha, en general de 4 sílabas")
- *guan yong yu* (惯用语 "expresión de uso habitual") / *shuyu* (熟语 "expresiones familiares")
- *yanyu* (谚语 "dicho popular y sentencioso")
- *geyan* (格言 "cita famosa")
- *xie hou yu* (歇后语 "dicho alegórico de dos partes")

El primer modelo considera *shuyu* como un concepto abarcador, y *chengyu, guan yong yu, yanyu, geyan, xie hou yu* como hipónimos. El segundo tipo también trata *shuyu* como un concepto abarcador, pero no del todo, porque excluye los *chengyu,* que se quedan solos en un grupo individual. La tercera y cuarta clasificación ya no consideran *shuyu* como principal hiperónimo, sino que lo tratan como un tipo más de fraseologismo.

1.2.2.4. La taxonomía de Sun Weizhang (1989)

Un cambio muy importante en los estudios fraseológicos del chino fue la emergencia del concepto de *shuyu* (熟语), especialmente con la teoría de Sun Weizhang (1989), que lo considera como el hiperónimo, mientras que el *chengyu* (成语) sólo sería una subclase del mismo, permitiendo así un importante progreso. En 1989, en el libro *Han yu shu yu xue* (汉语熟语学 "El estudio de *shuyu* chino") Sun Weizhang saca, por primera vez, los *shuyu* de la lexicología y los trata independientemente como una disciplina individual, tal como se hace en otros países a partir de Vinogradov (1947).

Para Sun Weizhang (1989), los *shuyu* (熟语) se dividen en dos grupos principales según su estructura gramatical: secuencias fijas y frases fijas. Sin embargo, considera que esta clasificación plantea nuevas necesidades: habría que contradecir el conocimiento lingüístico tradicional formado a lo largo del tiempo. Algunos *shuyu* tendrían que ser colocados en distintas categorías si se clasifican con dicho criterio, por ejemplo:

- *mò nì zhī jiāo*

  莫逆之交

  *nada contrario PART. contacto

  (amistad que no tiene ningún conflicto)

  "amistad incondicional"

- *tài shān yā dǐng*

  泰山压顶

  Taishan apretar encima

  (la montaña *Taishan* se pone encima de la cabeza de alguien)

  "sufrir una gran tensión o un golpe grave (mentalmente)"

Estos dos *chengyu*, se agrupaban juntos tradicionalmente, pero según este criterio, ya no pertenecerían al mismo grupo, pues el primero se considera como una secuencia fija y la segunda, en cambio, como una frase fija.

Sun Weizhang (1989) propone el criterio de "función expresiva" para clasificar los *shuyu*. Cada unidad de *shuyu* desempeña una cierta función en el habla. Dicha función agrupa dos criterios: a. función gramatical b. función retórica. La función gramatical se refiere a qué papel desempeña en una frase, y a su estado y relación con las demás estructuras de la frase. La función retórica se refiere a qué papel desempeña la unidad de *shuyu* para expresar la idea en la comunicación. Cabe señalar que, tanto los *shuyu* (熟语) como *ci* (词 "palabra aislada"), comparten estas dos funciones.

En el caso de las palabras aisladas, éstas incluyen diferentes clases con diferentes cualidades gramaticales, funciones gramaticales, estructuras semánticas, y funciones expresivas, p.ej., un sustantivo desempeña la función de designación, un adjetivo tiene la función de descripción. Lo mismo ocurre en los *shuyu*, que llevan diferentes funciones, por ejemplo:

- *bù xiǎn shān bù xiǎn shuǐ*

  不显山不显水

  *no mostrar monte no mostrar agua

  (sin mostrar ni el monte ni el agua)

  Esta expresión se utiliza para describir la actitud prudente

al tratar ciertos asuntos.

- *bìng cóng kǒu rù*
病从口入
*enfermedad desde boca entrar
(la enfermedad entra por la boca) "contagiarse de una enfermedad por la boca por las imprudencias en materia de comidas y bebidas"
Esta expresión trata una experiencia de la vida.

Cada *shuyu* tiene su función para expresar cierta idea o sentimiento. Según la función expresiva, Sun Weizhang (1989) divide los *shuyu* en dos grupos principales: los *shuyu* descriptivos, y los *shuyu* explicativos.

Los *shuyu* descriptivos engloban los tres tipos que se conocen tradicionalmente con las denominaciones: *chengyu, guan yong yu, xie hou yu*. Todos estos grupos comparten estas características: describir la imagen y el estado de una cosa objetivamente, expresar el sentimiento o el estado de ánimo del ser humano, por ejemplo:

- *luò tāng jī*
落汤鸡
*caer agua+caliente pollo
(el pollo que cae en agua caliente)
"estar atrapado en la lluvia y empapado"

- *qī zuǐ bā shé*
七嘴八舌
*siete boca ocho lengua
"que hablan todos a un tiempo o que emiten opiniones diferentes"

Estos dos *shuyu* describen la acción y estado de un objeto o ser humano.

Los *shuyu* explicativos engloban los dos tipos: *yanyu* y *geyan*. Ambos cuentan con estas características: expresar la actitud y opinión sobre objetos o asuntos, sobre todo, complicados; decir la norma y la razón según las cuales los fenómenos objetivos se producen, se desarrollan y evolucionan, por ejemplo:

- *Yǎn jiàn wéi shí, ěr tīng shì xū*

眼见为实，耳听是虚
*ojo ver ser cierto, oreja oír ser falso
"lo que se escucha puede ser falso; lo que ves es cierto"
Esta frase transmite un conocimiento o una experiencia subjetiva formada en la vida (Sun Weizhang 1989).

- *Bīng dòng sān chǐ fēi yī rì zhī hán*
冰冻三尺非一日之寒
*hierro congelar tres Chi^{68} no un día PART. frío
(un solo día frío no basta para congelar el río a tres pies de profundidad--- el río ha venido armándose por bastante tiempo)
"la formación de cada situación se forma con una acumulación y preparación de mucho tiempo; la ocurrencia de cada asunto tiene sus factores causativos, y es potencial y permanente"
Esta frase formula una regla, orientando a la gente a juzgar las cosas correctamente y a hacerlas según unas normas y unos valores (Sun Weizhang 1989).

Por tanto, Sun Weizhang (1989), basándose en la función de los *shuyu* (熟语), los divide en dos grupos principales, como se muestra en el siguiente esquema:
- *shuyu* descriptivos, que comprenden *chengyu* (成语 "frase hecha, en general de 4 sílabas"), *guan yong yu* (惯用语 "expresión de uso habitual"), *xie hou yu* (歇后语 "dicho alegórico de dos partes");
- *shuyu* explicativos, que abarcan *yanyu* (谚语 "dicho popular y sentencioso") y *geyan* (格言 "cita famosa").

---

[68] *chi* (尺), unidad de medida de longitud (=1/3 metro).

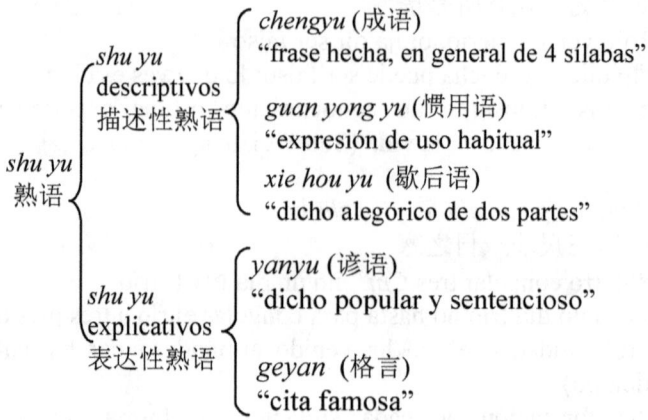

Clasificación de Sun Weizhang (1989)

El autor afirma que esta clasificación, en lo esencial, concuerda con la clasificación tradicional: la terminología se mantiene con las mismas denominaciones, lo cual se acepta más fácilmente. Además, resulta bastante dinámica, ya que el límite entre dos grupos principales y entre los subgrupos es considerablemente claro (Sun Weizhang 1989).

Se podría decir que, a partir de Sun Weizhang, se acepta que el *chengyu* es tan sólo una subclase dentro de los *shuyu*, y que es muy típico de la lengua china. Aun así, el mero hecho de aceptar criterios funcionales implica un importante cambio de enfoque.

Este autor prolonga la clasificación con subcategorías dentro de las mencionadas subclases. P.ej., los *chengyu* se dividen a su vez en tres tipos que resultan más cercanos a la lingüística moderna occidental.

Sun Weizhang (1989: 161-168) distingue 3 tipos según el tipo de función semántica:

Tipo 1. Fraseologismos *fusionados* (融合性), p.ej.,

- *dī sān xià sì*
  低三下四
  *bajo tres bajo cuatro
  "servil; humilde"

Este tipo es inanalizable internamente.

Tipo 2. Fraseologismos *comprensivos* (综合性), p.ej.,

- *jiāo tóu làn é*
  焦头烂额

*quemado cabeza roto frente
(cabeza quemada y frente rota)
"en gran dificultad"
Este tipo tiene una interpenetración entre el sentido literal y el metafórico.

Tipo 3. Fraseologismos *composicionales* (组合性), p.ej.,
- *bù qī ér yù*
不期而遇
*sin experar pero encontrar
"encontrarse (con alguien) sin esperárselo"

Este tipo tiene un significado deducible de la suma de sus componentes.

(*apud.* Jiao Liwei 2016:80)

1.2.2.5. La taxonnmía de Yao Xiyuan (2013)

Según Yao Xiyuan (2013), los *shuyu* (熟语) se dividen en dos grupos principales: "*shuyu* a nivel de enunciado[69]" y "*shuyu* a nivel de sintagma[70]". Los *shuyu* a nivel de enunciado incluyen *yanyu* (谚语), algunos *suyu* (俗语), *geyan* (格言), *jinju* (锦句)[71], *xie hou yu* (歇后语)[72] que no lleva la segunda parte.

En cambio, los "*shuyu* a nivel de sintagma" se refieren a aquellos que no pueden construir un enunciado completo, así incluyen *chengyu*, *guan yong yu*, algunos *suyu*, la segunda parte de *xie hou yu*, etc., como se puede ver en el siguiente esquema. Esta idea se aproxima más a las de la fraseología española que, desde Casares (1950), separa los "enunciados" de los fraseologismos "infraoracionales". Esta frontera se mantiene entre la esfera III y las otras dos en la clasificación pragmática de Gloria Corpas (1996). En cambio, la idea de escindir los *suyu* y distribuirlos por ambas macrocategorías resulta muy poco convincente, porque existe una contradicción entre el criterio clasificador y la propia clasificación.

---

[69] *Jù zi jí* (句子级)
[70] *Cí yǔ jí* (词语级)
[71] *Jingju* son frases concisas con sentido profundo (Diccionario *Xinhua*, apud. Wu Fan: 2014:25).
[72] Se trata de un dicho alegórico compuesto de dos partes. La primera describe algo metafóricamente y la segunda es una explicación o declaración de la primera parte.

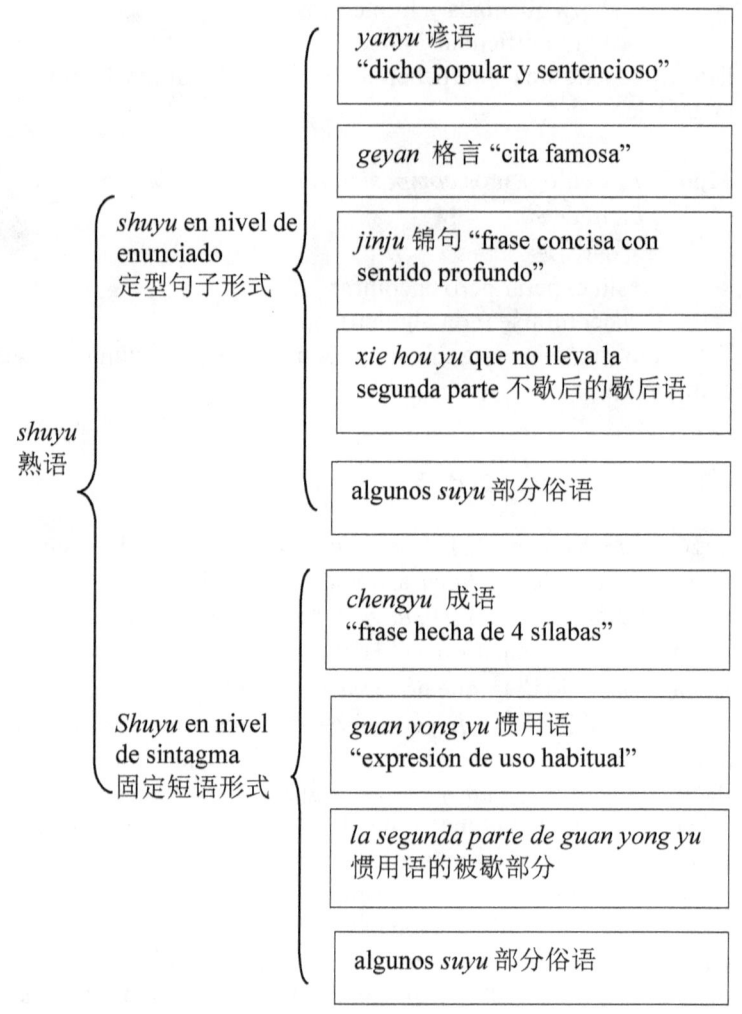

Clasificación de Yao Xiyuan (2013)

También hay otros autores que se han interesado por clasificar los fraseologismos en las últimas décadas, por ejemplo, Liu Shuxin (1984), que señala en su obra *Cí huì xué hé cí diǎn xué wèn tí yán jiū* (词汇学和词典学问题研究 "Estudio sobre lexicología y lexicografía") que *shuyu* es un término bastante vago.

Liu Shuxin (1984, *apud.* Yao Xiyuan 2013) propone que los

shuyu (熟语) se dividan en "*shuyu* de lengua[73]" y "*shuyu* de habla[74]", anticipándose a la distinción entre esfera II y esfera III de Corpas para el español.

La edición posterior del gran diccionario *Ci hai* (*辞海*) (1999: 4477, *apud*. Lan Feifei 2013: 10) define el *shuyu* (熟语) como: "una secuencia fija o una frase en cierto idioma que, al usarla, no permite modificar su organización, y debe entenderse su significado globalmente. Incluye los siguientes tipos[75]":

- *chéng yǔ* 成语 "Frase fija o enunciado breve que es conciso y sentencioso, mayoritariamente de cuatro caracteres"[76]
- *yàn yǔ* 谚语 "dicho fijo popular breve y significativo que se transmite entre el pueblo"[77]
- *gé yá* 格言 "dicho conciso, con sentido sentencioso y didáctico, generalmente breve"[78]
- *guàn yòng yǔ* 惯用语 "expresión de uso habitual"[79]
- *xiē hòu yǔ* 歇后语 "dicho alegórico de dos partes: la primera describe algo metafóricamente, la segunda lo da a entender explícitamente en sentido recto. Puede aparecer solamente la primera parte, y también pueden aparecer las dos partes paralelas[80], etc. (véase Lan Feifei 2013: 10).

Wu Zhankun & Ma Guofan (2000, *apud*. Yao Xiyuan 2013) consideran que la gente no está familiarizada con el término lexicográfico *shuyu* (熟语), que fue introducido para traducir la palabra rusa *фразеология* ["fraseología"] al final de los cincuenta. Están más familiarizados con los términos específicos chinos tales como *chengyu* (成语), *yanyu* (谚语), *suyu* (俗语),

---

[73] *shǔ yǔ yán fàn chóu de shú yǔ* (属语言范畴的熟语)
[74] *shǔ yán yǔ fàn chóu de shú yǔ* (属言语范畴的熟语)
[75] "语言中固定的词组或句子；使用时不能随意改变其组织，且要以其整体理解语义；包括成语、谚语、格言、惯用语、歇后语等。"
[76] "习用的言简意赅的固定短语或短句。汉语成语大多由四个字组成。"
[77] "流传民间的通俗简练而富有意义的固定语句。"
[78] "含有劝戒和教育意义的话，一般较为精练。"
[79] "惯于使用的话语"
[80] "歇后语可隐去像谜底的后文而只以像谜面的前文表达意思的语句，也可以前后文并列。"

geyan (格言), *xie hou yu* (歇后语), que son más antiguos, pero menos precisos.

Según el *Xian dai han yu ci dian* (现代汉语词典 "Diccionario chino contemporáneo") (2002: 1172), el término *shú yǔ* (熟语) se refiere a: expresiones fijas que solamente se usan globalmente, sin cambiar ninguno de sus elementos, ni analizarlas según el criterio general de formación léxica[81], por ejemplo:

- *wú jīng dǎ biàn*
  无精打采
  *sin ánimo levantar ánimo
  "sin ánimo"

- *luàn qī bā zāo*
  乱七八糟
  *revuelto siete ocho terrible
  "desordenado".

1.2.2.6. La taxonomía de Wu Fan (2014)

Entre las teorías más recientes, destaca la de Wu Fan (2014) que, además, fue escrita en español. En su tesis doctoral propone una clasificación de la fraseología china basada en la clasificación de Sun Weizhang (1989) y la clasificación de Corpas Pastor (1996) para la fraseología española. Wu Fan emplea el término *shuyu* como hiperónimo, que abarca cinco subgrupos: *chengyu, guan yong yu, xie hou yu, yanyu* y *geyan*, y, según su capacidad de constituir actos de habla y enunciados por sí mismos, los incluye en dos grandes grupos: sintagmas fraseológicos y enunciados fraseológicos.

Según esta autora (2014), los *shuyu* cuentan con estas cuatro características particulares que coinciden con las que Corpas (1996) señala para las "unidades fraseológicas" españolas.
- alta frecuencia de aparición como unidades habituales y de coaparición por parte de sus componentes;
- institucionalización o convencionalización derivada de la reproducción reiterada;
- fijación interna y externa y especialización semántica;
- idiomaticidad y variación potenciales.

---

[81] "熟语: 固定的词组, 只能整个应用, 不能随意变动其中成分, 并且往往不能按照一般的构词法来分析。"

La distinción entre "sintagmas" (nivel sub-oracional) y "enunciados" (nivel oracional) la recupera de la traducción española, desde Casares (1950) a Corpas (1996) pasando por Zuluaga (1980) y se mantiene en las clasificaciones españolas más recientes (Pamies 2007a, García-Page 2008, Pamies 2014a). Supone un acercamiento entre la traducción china y la occidental, algo que también hemos observado, aunque de manera menos explícita, en Yao Xiyuan (2013).

Clasificación de Wu Fan (2014: 27)

- ***shuyu*** (熟语): Conjunto de sintagmas o enunciados fijos y estereotipados que, generalmente, no permiten modificaciones arbitrarias en el uso.
- **sintagmas fraseológicos**: unidades fijas que no constituyen enunciados completos ni actos de habla y que, generalmente, funcionan como elementos constitutivos en una oración.
- **enunciados fraseológicos:** unidades capaces de construir actos de habla y susceptibles de funcionar como enunciados.

El grupo de sintagmas fraseológicos incluye los *chengyu* y los *guan yong yu*:

- ***chengyu*** (成语): Combinación de palabras fija, convencional, concisa y compendiosa y, en la mayoría de las ocasiones, de cuatro caracteres. Se caracterizan por su rigurosa estructura formal y una mayor frecuencia de uso, y suelen presentar una imagen o episodio de la

historia, de la literatura o de la tradición popular. Corresponden parcialmente a "locución" en español, excepto por la forma métrica (*op.cit.*: 2, 28). Por ejemplo:
- *bào xīn jiù huǒ* 抱薪救火
  *abrazar leña apagar fuego
  (llevar leña para apagar un incendio)
  "emplear un remedio contraproducente y acabar por agravar la situación"

• ***guan yong yu*** (惯用语): Combinación de palabras fija y breve del lenguaje coloquial, compuesta por tres o más caracteres, que funciona como elemento oracional y cuyo sentido no es deducible de la suma de los significados de sus componentes. Correspondería parcialmente a la "locución" del español (*op.cit.*: 2, 56). Asimismo, todas estas unidades pertenecen al grupo descriptivo de las UFs chinas, y suelen describir o definir una situación o un estado, una personalidad, una acción o un comportamiento del ser humano, etc. Algunas retratan una cosa y funcionan como un sintagma nominal o verbal (*op.cit.*: 56). Por ejemplo:
- *luàn tán qín* 乱弹琴
  *desordenadamente tocar *qin*[82]
  (tocar el *qin* a su antojo)
  "hacer o decir tonterías".

El otro gran grupo es el de enunciados fraseológicos, que tienen carácter oracional completo:

• ***xie hou yu*** (歇后语): hay dos partes estrechamente relacionadas. Son dichos alegóricos bimembres: la primera parte constituye una metáfora que sirve como base, y la segunda consiste en una anotación o explicación, o un comentario irónico que se deduce de la parte anterior, pero no hay nexo explícito, sino una fuente elipsis. Suelen emplearse en el lenguaje coloquial y forman un grupo peculiar de UFs chinas. Según Wu Fan (2014), *xiehouyu* (歇后语) no tiene correspondencia en la lengua española (*Op.cit.*: 77). Por ejemplo:
- *Yǎ ba chī huáng lián* — (*yǒu kǔ shuō bù chū*)

---

[82] *Qín* (琴): nombre genérico para ciertos instrumentos musicales de cuerda.

哑巴吃黄连——（有苦说不出）
*mudo comer rizoma+de+coptis+chino[83]— tener amargor decir no poder
(el mudo come rizoma de coptis chino, no puede expresar su amargor)
"verse obligado a sufrir en silencio"

- *yanyu* (谚语): Dicho breve, popular y sentencioso. Correspondería a "refrán", "proverbio", "adagio" o "dicho", en español (*op.cit.*: 2).
Los *yanyu* son frases breves y sentenciosas que se divulgan por tradición oral. Suelen utilizar el lenguaje hablado debido a su origen popular. La mayoría de estas unidades consisten en frases concisas o rimadas, y son fáciles de entender. Se trata de una entidad léxica autónoma que se diferencia de las otras clases (Sun Weizhang, 1989, *apud.* Wu Fan 2014: 86).
Los *yanyu* han estado evolucionando y transmitiéndose entre la gente del campo, por lo que emplean muchas palabras del lenguaje hablado. Son fáciles de entender y memorizar, e incluso incluyen palabras vulgares, y suelen recurrir a las metáforas. Se crearon, se transmitieron y se quedaron institucionalizados en el lenguaje coloquial, y resulta imposible encontrar sus verdaderos orígenes. Señalan las reglas de los fenómenos naturales, o bien constituyen el resumen de las experiencias del comportamiento o de las acciones humanas (Wu Fan 2014: 86-88). Por ejemplo:
- *Xū xīn shǐ rén jìn bù, jiāo ào shǐ rén luò hòu*
虚心使人进步，骄傲使人落后
*modestia hacer persona progresar, engreimiento hacer persona atrasar
(la modestia contribuye al progreso y el engreimiento conduce al atraso)
"hay que actuar con prudencia y tranquilidad" (advertimiento)

- *Kǔn bǎng bù chéng fū qī*
捆绑不成夫妻
*atar no ser matrimonio

---

[83] rizoma de coptis chino (*Coptis chinensis*)

(no hacen matrimonio atándolos juntos)
"no se consigue una meta recurriendo a medios coactivos"

- ***geyan*** (格言): Sentencia concisa, con sentido sentencioso y didáctico. Correspondería a "máxima" o "aforismo" en español (Wu Fan 2014:2).

Los *geyan* son enunciados extraídos de textos escritos por un autor generalmente conocido o de fragmentos del lenguaje oral puestos en boca de un personaje, sea real o ficticio, siempre de origen conocido. Por tanto, estos pertenecen al nivel cultural elevado y emplean el lenguaje escrito y culto e incluso, a veces, el clásico (Sun Weizhang, 1989:305, *apud*. Wu Fan 2014:87). La mayoría de los *geyan* se originan en textos antiguos; o bien son frases explicativas, o bien son lo que dicen los personajes importantes en dichos textos. Por ejemplo:

- *Sān rén xíng bì yǒu wǒ shī*
三人行必有我师
*tres persona andar seguramente tener mi maestro
(de los tres compañeros de ruta uno debe de ser maestro mío)
"debe aprender de los demás con la mente abierta"

Esto enunciado proviene de *Analectas de Confucio*[84].

- *Bù yǐ guī jǔ bù néng chéng fāng yuán*
不以规矩不能成方圆
*no utilizar compás escuadra no poder ser cuadrado círculo
(sin compás y escuadra no se puede trazar ni círculo ni cuadrado)
"Se debe actuar siguiendo un principio o regla"

Este enunciado proviene de *Mengzi*[85], cuyo autor,

---

[84] *Lún Yǔ* 论语 (*Analectas de Confucio*), escritas durante el periodo de Primaveras y Otoños (722 a. C.-481 a. C.), son la versión escrita de una serie de charlas que Confucio dio a sus discípulos, así como las discusiones que mantuvieron entre ellos. El título original en chino, *Lún Yǔ*, significa "discusiones sobre las palabras" (de Confucio). Es el mayor trabajo del confucianismo. Siguen teniendo influencia entre los chinos y en algunos países asiáticos. (http://es.wikipedia.org/wiki/Analectas_de_Confucio)

[85] *Mèng zǐ* (孟子): es un libro clásico, escrito por Mencio y sus discípulos, que

Mencio, fue el más eminente seguidor del confucianismo.

En esta clasificación de Wufan, los *cheng y* y *guanyongyu* pertenecen al grupo de "sintagmas fraseológicos", ya que solamente son secuencias, no enunciados completos ni actos de habla, y suelen funcionar como elementos constitutivos en una oración (Wu Fan 2014: 27-28). Pero si los *chengyu* son "sintagmas", ya no pueden incluir los proverbios, porque éstos son enunciados, por lo que la autora usa términos tradicionales chinos con un nuevo significado que, en realidad, se basa en los criterios "occidentales", concretamente en la taxonomía de Gloria Corpas para el español, aunque no aparece un equivalente de la colocación. A pesar de que otros hispanistas como Zuluaga (1980) y García-Page (2008) no incluyen las colocaciones en la fraseología española, la mayoría de los autores occidentales suelen incorporarlas hoy en día, empezando por la propia Gloria Corpas, que sirvió de modelo a Wu Fan para acercar el metalenguaje chino al español.

1.2.2.7. El enfoque cuantitativo y estadístico (Zhu & Fellbaum 2014)

Zhu & Fellbaum (2014: 188) se acercan a la fraseología desde una concepción muy amplia del concepto *collocation*, como suele hacerse en la tradición anglosajona de lingüística de corpus, seguidora de Firth (1957:106, *apud.* Zhu & Fellbaum 2014: 188), que considera el término *colocación* como lugar habitual o frecuente de una palabra[86]:

> Collocations are sets of two or more words that exhibit a selectional preference for one another and that co-occur together significantly more often, statistically speaking, than apparent semantically equivalent sets of words. (Zhu & Fellbaum, *ibid.*)

Según esta óptica, *idioms constitute a special kind of collocation in that their meanings cannot be derived from the meanings of their constituent*. En este sentido, el término *collocation* es un concepto distinto al de la tradición occidental continental, y es tan abarcador que resulta incluso mayor que el concepto de

---

trata las palabras, pensamientos y comportamiento de Mencio.
[86] "habitual or customary places of a word".

"fraseologismo" de la escuela alemana o española (p.ej. Burger 2007, Corpus 1996, Pamies 2007a), donde la *colocación* es sólo una subclase fraseológica. La tradición firthiana se basa sólo en la "proximidad estadística" en la co-ocurrencia de dos o más palabras. Las *collocations* o *multi-word units* tienen dos propiedades independientes y características. En primer lugar, sus constituyentes suelen ir más juntos de lo casualmente esperable. Esto se puede observar desde el punto de vista estadístico. En segundo lugar, su significado real puede ser distinto de la suma de los de sus constituyentes (no-composicionalidad). La existencia de ambas propiedades, que son graduales, crea un *continuum*, de manera que, a veces, no es fácil etiquetar las secuencias polilexicales como unidades léxicas (Zhu & Fellbaum 2014: 188). Estos autores consideran que los fraseologismos verbo-nominales (*VNICs*) muestran las siguientes propiedades lingüísticas: la fijación (*frozenness*), la variación (*variation*), y la fijación medible (*measurable fixedness*).

El grado de no-composicionalidad determina el grado de fijación (Zhu & Fellbaum 2014: 189-190), por lo que estas unidades pueden ser detectadas en un corpus como unidades petrificadas, que pueden ser reconocidas usando "cadenas enteras" como entradas del diccionario. Este enfoque tiene la ventaja de la sencillez, pero en realidad no es satisfactorio, debido a varias razones:

a) La cobertura del diccionario puede afectar mucho el resultado de la detección.

b) Las unidades fraseológicas no son realmente "palabras largas" petrificadas porque presentan un sorprendente grado de flexibilidad, independientemente de la transparencia semántica de sus componentes. En el caso del chino mandarín, los estudios basados en corpus han descubierto variaciones en los fraseologismos verbo-nominales, incluyendo la inserción de componentes léxicos tales como adjetivos o partículas aspectuales, la reduplicación del verbo, la adición de partículas fonológicas después del sustantivo, la sustitución léxica de sinónimos o cuasi sinónimos y la reordenación de los constituyentes. Estas variaciones se deben a factores fonológicos y prosódicos, bien para hacer las expresiones más específicas y vívidas, bien para simplificar las expresiones, o para adaptar mejor un fraseologismo en un específico contexto sintáctico o semántico (Zhou Rui 2010, *apud.* Zhu & Fellbaum 2014: 190).

c) En tercer lugar, una serie de fraseologismos admite tanto la interpretación idiomática como la literal, lo cual hace que sea imprescindible diseñar unos métodos para diferenciar entre lecturas literales e idiomáticas.

El objetivo de su estudio es detectar automáticamente, en un gran corpus chino, las *collocations* idiomáticas de estructura verbo-nominal, p.ej., *chǎo yóu yú* 炒鱿鱼 *freír calamar "despedir [a alguien] de un trabajo"; *chī dòu fu* 吃豆腐*comer queso+de+soja "acosar sexualmente [a alguien]"; *dòng nǎo jīn* 动脑经 *mover cerebro "pensar".

Basándose en un método estadístico de medida llamado *Pointwise Mutual Informaction* (**PMI**), estos autores han medido el grado de fijación tanto léxica como sintáctica, y han descubierto que los fraseologismos verbo-nominales que muestran propiedades léxicas y semánticas idiosincrásicas e idiomáticas son muy poco frecuentes. Basándose en el método diseñado por Fazly, Cook & Stevenson (2009), se ha medido la fijación sintáctica y la fijación lexical de fraseologismos verbo-nombre en un corpus de Internet. Los fraseologismos verbo-nominales realmente fijos e idiomáticos son relativamente pocos entre los 400 primeros pares de la lista de combinaciones detectadas. Sólo cuatro fueron identificados (manualmente) como locuciones. En nuestra opinión, las causas de este aparente fracaso experimental deben relacionarse con hechos de carácter general, ya observados por Pazos & Pamies (2008) para el español:

1) las variantes fraseológicas dificultan el recuento de las co-ocurrencias, y por tanto, falsean la estadística.
2) el marcador estadístico *Información Mutua* no es el que mejores resultados obtiene, en comparación con otros, como, p.ej., *Log Likelyhood*, que aun así, dista mucho de ser perfecto.
3) hay muchas co-ocurrencias motivadas por razones ontológicas ajenas a la combinatoria propiamente lingüística (p.ej. *beber+vino; comer+pan*, etc.), cuya frecuencia es aún más elevada que la de muchos frasemas, por muy idiomáticos y fijos que sean (Pazos & Pamies 2008).

1.2.3. La fraseografía china

Al igual que ocurrió en España, la aparición en China del concepto teórico de fraseología es muy posterior al hecho de coleccionar las unidades desde una visión más o menos intuitiva, bajo el inicial "paraguas" hiperonímico y confuso de *chengyu* (成语*hecho palabra), que rivaliza con otros términos que van apareciendo como *suyu* (俗语) "dichos comunes".

Según Fu Huaiqing (1996:329), los primeros trabajos paremiológicos se remontan a la dinastía Han del Este (25 d. C. - 220 d. C.), cuando el *Tong su wen* (通俗文 "Expresiones populares") de Fu Qian (服虔) apareció. Teniendo en cuenta que este trabajo se ha perdido, las primeras monografías disponibles sobre la paremiología datan de la dinastía Song (960 - 1279): el anónimo *Shi chang tan* (释常谈 "Explicaciones de dichos comunes") y la *Xu shi chang tan* (续释常谈 "Continuación de las explicaciones de dichos comunes") de Gong Yizheng (龚颐正). Durante la dinastía Ming (1328-1644), Shen Yang (杨慎) compiló el *Gu jin yan* (古今谚 "Proverbios antiguos y modernos") (Gianninotto 2013: 137-138).

Durante la dinastía Ming, surgieron algunas obras importantes, destacan las siguientes: *You xue qiong lin* (幼学琼林 "El tesoro de conocimiento de los niños")[87] (Cheng Dengji [程登吉], S.XVII); *Gai yu cong kao* (陔余丛考 "El libro de apuntes durante el período de ocio en casa") (Zhao Yi [赵翼] ,1791).

Esta disciplina floreció durante la dinastía Qing[88], cuando varias compilaciones aparecieron, destacando sobre todo las obras siguientes: *Tong su bian* (通俗编 "Compilación de dichos populares") (Di Hao[翟灏], 1751) [89], *Heng yan lu* (恒言录 "Colección de dichos habituales") (Qian Daxin [钱大昕], 1805) [90], *Gu yao yan* (古谣谚 "Coplas y refranes antiguos") (Du

---

[87] Este libro tiene otros nombres, tales como *You xue xu zhi* (幼学须知 "Conocimientos requeridos para los niños"), *Cheng yu kao* 成语考 ("Estudio de *chengyu*"), y *Gu shi xun yuan* (故事寻源 "La búsqueda del origen de los cuentos").
[88] Dinastía Qing 清朝 (1644-1911)
[89] *apud.* Di Hao (1958)
[90] *apud.* Qian Daxin & Chen Zhan (1958)

Wenlan [杜文澜], S. XIX)[91], *Chang yu xun yuan* (常语寻源 "Orígenes de refranes comunes") (Zheng Zhihong [郑志鸿], 1876)[92]. En concreto, *Heng yan lu* (恒言录 "Colección de dichos habituales") constan de seis volúmenes, con una colección de 800 dichos comunes, dividiéndose en 19 tipos, como el habla de buen agüero, el cuerpo, la comunicación social, el elogio o la infamación, la expresión frecuente, el *chengyu*, los proverbios, etc. En comparación con *Tong su bian* (通俗编 "Compilación de dichos populares"), la obra *Heng yan lu* (恒言录 "Colección de dichos habituales") tiene una clasificación más sencilla. En la obra *Gu yao yan* (古谣谚 "Coplas y refranes antiguos") se han compilado las coplas y proverbios en libros antiguos hasta la dinastía Ming. Su contenido trata principalmente de las actividades en agricultura, meteorología, costumbres locales, experiencia de vida y de sociedad. La obra *Chang yu xun yuan* (常语寻源 "Orígenes de refranes comunes") investiga especialmente los orígenes de los dichos y expresiones de dialectos y tiene dos volúmenes, con una colección de 1.068 entradas, ofreciendo abundantes datos lingüísticos.

En el libro de Di Hao[93] (1751) *Tong su bian* (通俗编 "Compilación de dichos populares") se recogen 5.457 entradas, incluyendo dichos populares, secuencias de palabras, *chengyu* y proverbios, todos explicados con datos etimológicos. Es una obra conocida sobre los dichos comunes chinos en la etapa inicial de la dinastía Qing; tiene una gran influencia sobre la compilación de los libros de consulta relativos a este tema. Sus datos provienen de muchas áreas, abarcando casi todos los tipos según su contenido. Cuenta con 38 tipos, incluyendo, por ejemplo, astronomía, geografía, estaciones, cargos, forma de hablar o reírse, normas o principios que regían las relaciones humanas en la sociedad feudal de la China antigua, la política, la literatura, las artes marciales, las ceremonias, la bendición, la conducta, la comunicación social, el tratamiento, el arte, la mujer, la riqueza, el alojamiento/ título, los fantasmas y los dioses, el budismo, los trajes, los utensilios, la dieta, los animales domésticos o salvajes, los peces, las plantas, los artistas de pantomima, los números, las figuras retóricas, la fisonomía, el

---

[91] *apud.* Du Wenlan (1958)
[92] *apud.* Gianninoto (2013)
[93] Dí Hào 翟灏 (1736 - 1788)

sonido, los cuentos, etc. Se puede utilizar como un diccionario (Li Xu 2011). Zhou Jian (2014) señala que entre los diccionarios de palabras compilados por los investigadores de la antigua China, *Tong su bian* (通俗编 "Compilación de dichos populares") se considera el diccionario más célebre, porque es muy completo y científico en su compilación de entradas. También demuestra un gran adelanto en este campo para su tiempo (S. XVIII).

A principios de la república China, destaca el diccionario *Su yu dian* (俗语典 "Diccionario de dichos populares") de Hu Po´an (1922), con 7327 artículos. Es conocido tanto por su cantidad de dichos comunes como por su clasificación científica.

Más tarde aparecieron unos diccionarios influyentes de este tipo, tales como el de Sun Jinbiao [孙锦标] (1925), *Tong su chang yan shu zheng* (通俗常言疏证[94] "Estudio de dichos populares y dichos habituales"), el de Li Jiantang [李鑑堂] (1937) *Su yu kao yuan* (俗语考原 "Estudios de etimología de dichos populares") y el de Luo Zhenyu [罗振玉] (1959) *Su shuo* (俗说 "Dichos populares") (Véase Zeng Zhaocong 2011:132).

Conviene destacar el diccionario *Zhong guo su yu da ci dian* (中国俗语大辞典 "Gran diccionario de dichos populares chinos"), que se considera la primera gran obra en la que se compilan los *suyu* ("dichos populares") después de la fundación de la República Popular China (1949). Contiene más de 15.000 artículos, muchos de ellos incorporados por primera vez a un diccionario. Además, ofrece definiciones y explicaciones precisas, con datos relativos a la etimología y a la evolución de los *suyu* (Lu Runxiang 1990).

A partir de los años 90, la compilación de fraseologismos chinos ha logrado mucho éxito y se ha desarrollado muy deprisa, de modo que han surgido numerosos diccionarios monolingües de fraseología china. Destacan los siguientes diccionarios: *Han da cheng yu da ci dian* 汉大成语大词典 ["*Handa* gran diccionario de *chengyu*"] (Luo Zhufeng [罗竹风] 1997), que tiene 45.000 entradas; *Han yu cheng yu yuan liu da ci dian* 汉语成语源流大辞典 ("Gran diccionario etimológico de *chengyu*") (Liu Jiexiu [刘洁修] 2009), que tiene 50.000 entradas. Recientemente, aparecen también diccionarios de colocaciones

---

[94] *Shū zhèng* (疏证) es un estilo de nota para los libros antiguos.

(Wang Yannong & Jiao Pangyong 1984; Zhang Shoukang & Lin Xingguang 1992; Mei Jiaju 1999). Aparte de éstos, aún hay muchos diccionarios exitosos. Abajo citamos algunos como muestra.

editor(es)	año	título
ZHU, Anqun 朱安群	1981	*Gu jin yan yu* 古今谚语 ["Refraneros antiguos y modernos"]
WANG, Yannong & Jiao Pangyong 王砚农 & 焦庞颙	1984	*Hàn yǔ cháng yòng dòng cí dā pèi cí diǎn* 汉语常用动词搭配词典 ["Diccionario de colocaciones de verbos comunes en chino"]
XU, Zongcai & YING Junling 徐宗才 & 应俊玲	1985	*Guan yong yu li she* 惯用语例释 ["estudios con ejemplos de dichos habituales"]
WANG, Tao *et al.* 王涛 等	1987	*Zhong guo cheng yu da ci dian* 中国成语大辞典 ["Gran diccionario de Chengyu chino"]
CHEN, Guohong 陈国弘	1988	*Chengyu yu yuan dian gu ci dian* 成语语源典故词典 ["Diccionario de etimología y anécdota sobre los *Chengyu*"]
ZHENG, Xuanmu 郑宣沐	1988	*Gu jin cheng yu ci dian* 古今成语词典 ["Diccionario de *Chengyu* antiguos y modernos"]
LIU, Jiexiu 刘洁修	1989	*Han yu chengyu kao shi ci dian* 汉语成语考释词典 ["Verificación y explicación de los *Chengyu* chino"]
WEN, Duanzheng 温端政	1989	*Zhong guo su yu da ci dian* 中国俗语大辞典 ["Gran diccionario de dichos populares"].
WANG, Chun 王春	1991	*Zhong guo yan ci dian* 中国谚语辞典 ["Diccionario de refraneros chinos"]
ZHANG, Shoukang & LIN, Xingguang 张寿康 & 林杏光	1992	*Xiàn dài hàn yǔ shí cí dā pèi cí diǎn* 现代汉语实词搭配词典 ["Diccionario de colocaciones de palabras de contenido en el chino moderno"]
XU, Zongcai & YING, Junling 徐宗才 & 应俊玲	1994	*Su yu ci dian* 俗语词典 ["Diccionario de dichos populares"]
MEI, Jiaju 梅家驹	1999	*Xiàn dài hàn yǔ dā pèi cí diǎn* 现代汉语搭配词典 ["Diccionario de colocaciones del chino moderno"]
NI, Baoyuan 倪宝元	2001	*Han yu chengyu shi yong ci dian* 汉语成语实用词典 ["Diccionario de uso de

		Chengyu chino"]
XU, Zhensheng 许振生	2002	*Xin hua cheng yu ci dian* 新华成语词典 ["Xinhua diccionario de *Chengyu*"]
ZONG, Hao 宗豪	2002	*Xie hou yu xin bian* 歇后语新编 ["Nuevo diccionario de dichos pareados chinos"].
SHI, Shi & ZHAO, Peiyu 史式 & 赵培玉	2002	*Han yu xin cheng yu ci dian: 1919-2001* 汉语新成语词典：1919-2001. ["Diccionario de nuevas frases hechas en chino: 1919-2001"]
WEN, Duanzheng 温端政	2004	*Zhong guo guan yong yu da quan* 中国惯用语大全 ["Colección enorme de expresiones habituales"]
YU, Jinchun & SUN, Mengmei 余金淳 & 孙梦梅	2004	*Han Yu Cheng Yu Ci Dian* 汉语成语词典 ["Diccionario de frases hechas de chino"]
WEN, Duanzheng 温端政	2005	*Xin hua yan yu ci dian* 新华谚语词典 ["Diccionario Xin hua de refraneros chinos"].
WU, Zongwen 伍宗文	2006	*Xin shi ji han yu cheng yu ci dian* 新世纪汉语成语词典 ["Nuevo siglo diccionario de *Chengyu* chino"]
AN, Liqin 安丽琴	2006	*Han yu xie hou yu ci dian* 汉语歇后语词典 "diccionario de dichos pareados chinos"
WEN, Duanzheng 温端政	2007	*Xin hua guan yong yu ci dian* 新华惯用语词典 ["Xinhua Diccionario de expresiones habituales"]
ZENG, Zifan 曾子凡	2008	*Gang yue yu guan yong yu yan jiu* 港粵語慣用語研究 ["Estudio sobre los dichos de uso habitual en la lengua cantonesa"].
El comité editorial 中华书局编辑部	2009	*Zhong hua ge yan ci dian* 中华格言词典 ["Diccionario de proverbios chinos"]
El comité editorial 《多功能成语大词典》编委会	2011	*Duo gong neng cheng yu da ci dian* 多功能成语大词典 ["Gran diccionario de múltiples usos mulde *chengyu*"]
HUANG, Chenglan 黄成兰	2014	*Han Yu Cheng Yu Ci Dian* 汉语成语词典 ["Diccionario de frases hechas de chino"]
BI, Xuli 毕绪利	2015	*Han yu cheng yu ji jin* 汉语成语集锦 ["Colección de los mejores *chengyu* chinos"]

A partir de octubre de 1954, los *chengyu* han sido incluidos en las instrucciones de la asignatura *Lengua china* en las escuelas primarias. La lengua y literatura china es parte obligatoria de los Exámenes Anuales de Ingreso a la Universidad. Dado que los *chengyu* son un contenido importante en los examentes, tanto los profesores como los estudiantes prestan gran atención a ellos. El ministerio de la educación de Taiwan ha publicado un diccionario en línea de *chengyu*, llamado *Cheng yu dian* (成语典 "Diccionario de *chengyu*")[95], y tiene 28.505 entradas. Curiosamente, dicho diccionario tiene una imagen de nautilus en su página principal para indicar que los *chengyu* de hecho son como los *fósiles vivos* de la lengua antigua (Jiao Liwei 2016:65). Dicho de otra forma, los *chengyu* tienen una historia larga, mantienen una forma fija, reflejan vívidamente la lengua que se utilizaba antes, y muchos aún siguen siendo utilizados en la lengua moderna.

1.2.3.1. Los primeros trabajos occidentales sobre la fraseografía china

Gianninotto (2013:139-141) ha estudiado los primeros trabajos sobre la paremiología china escritos en los idiomas occidentales desde el siglo XVIII. Al final de la dinastía Qing (1644-1912) el contacto entre los países occidentales y China aumentó, entre ellos una importante presencia de misioneros y diplomáticos occidentales en China. Desde el punto de vista de los estudios lingüísticos y didácticos, ésto promovió la recopilación de trabajos sobre la lengua china, tales como diccionarios bilingües, gramáticas bilingües de referencia, gramáticas de aprendizaje y libros de texto, para satisfacer las necesidades de un número creciente de extranjeros deseosos de aprender esta lengua (Gianninotto 2013: 139-141). Sobre todo, destacan las siguientes obras:

-La primera colección bilingüe de expresiones idiomáticas, según Gianninoto, probablemente sería incluida en el libro *Notitia linguae sinicae*, por el misionero jesuita J. H. de Prémare, compilada en 1732, pero publicada en 1831.

-También, la obra *Arte China constante de alphabeto e*

---

[95] *Cheng yu dian* (成 语 典 "Diccionario de *chengyu*") [http://dict.idioms.moe.edu.tw/cydic/index.htm].

grammatica comprehendendo modelos das por el Lazarista misionero J. A. Gonçalves, publicado en 1829, incluye una sección de proverbios (siendo el título chino *Suyu* (俗语) con equivalentes portugueses.

-Asimismo, el misionero francés Paul Perny también dedicó dos secciones de su *Grammaire de la langue chinoise orale et écrite* (1873-1876) para la fraseología china, llamadas *Idiotismes de la langue orale et Idiotismes de la langue écrite*.

Durante el siglo XIX d. C., las obras bilingües enteramente dedicadas a la paremiología china también fueron apareciendo:

-El *Proverbes chinois, recueillis et mis en ordre par P. Perny*, cuyo título chino es *Zhong guo suyu* (中国俗语), que se publicó en 1869 en París.

-El *Vocabulary and Handbook of the Chinese Language, Romanized in the Mandarin Dialect* de Justus Doolittle, (título chino *Ying-han Cuilin Yunfu* 英漢萃林韻府), incluyendo una serie de glosarios terminológicos publicados en 1872 (Gianninotto 2013: 140).

También hubo misioneros españoles que se interesaron mucho antes por los proverbios chinos. Conviene mencionar la contribución de fray Juan Cobo, quien era entonces misionero en Filipinas, y su obra llamada *Espejo rico del claro corazón / Beng Sim Po Cam*. La versión original de este libro es de chino y se llama *Ming xin bao jian* (明心宝鉴 "Espejo rico del claro corazón"]. Se trata de una colección de dichos y sentencias morales chinas provenientes de la antigua tradición popular y de las enseñanzas de los maestros de las escuelas budistas, taoístas y confucianas, y de algunos libros tradicionales. Aglutina, sobre todo, una gran cantidad de refranes desde la Antigüedad y hasta el tiempo del compilador y fue Fan Liben [范立本] quien, en 1393, se encargó de recopilarlo. Se ha utilizado como un libro clásico de instrucción y como un referente doctrinal durante mucho tiempo en China, además, de conocerse también en Filipinas, Japón, Vietnam y Corea. Luego fue llevado por los chinos a las Filipinas. En 1592, Juan Cobo, que era un fraile dominico que había llegado a las Filipinas en 1588, lo tradujo al español y copió el texto del *Espejo Rico* en caracteres chinos, para la Orden de Santo Domingo. En 1595, se presentó esta traducción, junto con una copia del original, al príncipe Don Felipe III de España. Se trata de la primera obra china traducida a una lengua europea. Juan Cobo se considera el primer sinólogo español, y su papel innovador merecería reivindicarse hoy en día en el intercambio cultural entre España y Extremo Oriente[96]. Posteriormente, en el siglo XVI, otro misionero español en Filipinas, el padre Domingo Fernández Navarrete, incluye su traducción del mismo libro chino con el título "Espejo precioso del alma" en el tratado cuarto de *Tratados históricos, políticos, éticos y religiosos de la monarquía de China* (1676:173-245, apud. Liu Limei 2004: 167).

Una tesis reciente de la hispanista taiwanesa Limei Liu, de la que ésta extrajo luego un libro (2005), estudió el *Espejo rico del claro corazón,* incluyendo la edición crítica comentada del original con estudio previo y anotaciones, y que junta la transcripción tanto del castellano como del chino. La autora presenta brevemente la historia y contenido del *Espejo Rico,* informa de la vida y escritos del padre Juan Cobo (el primero en introducir la ciencia europea a la lengua china), compara la traducción de Juan Cobo con la más tardía de Fernández de Navarrete, y expone las ideas que se esconden detrás de estas dos diferentes maneras de traducir, añadiendo notas en su edición para ayudar al lector a una mejor comprensión.

En China existían dos tipos de educación: por un lado, en la corriente oficial y más elitista prevalecía la escuela estándar confuciana, por otro, en la "popular", de las clases sociales menos altas, prevalecían otras ideologías tales como las doctrinas budistas y taoístas, reflejadas en abundantes refranes, proverbios y expresiones populares. Así, el libro *Beng Sim Po Cam* pertenece al segundo tipo, en concreto, *meng-shu* (蒙书), que significa "libros de ilustración". Efectivamente, el *Beng Sim Po Cam* era uno de los libros que tuvo una amplia recepción

---

[96] La vida del P. Cobo como misionero comenzó en 1582 en Nueva España. En 1588 se mandó a Filipinas y permaneció en Manila desde 1589 hasta 1592, cuando fue asignado como embajador en Japón. Con respecto a sus obras, aparte de *Beng Sim Po Cam (BSPC),* también se le atribuyen una serie de escritos, entre los que destaca Shih-Lu (1593). Según Liu (2005), sus contribuciones importantes consisten fundamentalmente en los siguientes tres aspectos: (1) Adaptación cultural entre el cristianismo y el neoconfucianismo y la introducción de la ciencia occidental en China. (2) Innovación lingüística en la doctrina Cristiana: escrito con las grafías del chino mandarín, pero que se lee en el dialecto Minnan. (3) Fue el primer traductor europeo de la literatura china.

popular, que llega incluso hasta la actualidad. Además, en este libro se exponen numerosas expresiones de *Tai gong*, que vienen de dos manuscritos de "Tuen-huang" (敦煌): *el nuevo códice de los nueve libros clásicos* (新集文词久经抄) y *la ilustración familiar de Tai gong* (太公家教). Estas colecciones se transmitían extensamente a toda la sociedad, por la sencillez formal con la que expresaban su filosofía. De esta forma, lograron aconsejar y educar al pueblo, propiciando así su introducción en temas de conservaciones cotidianas (Liu Limei 2005).

La difusión de *Beng Sim Po Cam* es considerable. Primero, en China era un texto célebre y de gran consideración. Además, se extendía hasta los países vecinos como Corea, Japón y Vietnam. Aparte de su traducción al castellano, también existen versiones en otros idiomas extranjeros, como en vietnamita, en holandés y en alemán.El *Beng Sim Po Cam* ha tenido una gran influencia en la literatura china: muchos de sus refranes y expresiones se citaban en obras teatrales y novelescas famosas en China. De hecho, este libro posee una multitud de refranes, adagios y dichos populares de antaño y del tiempo del compilador. Además, es una compilación que reúne parte de los libros clásicos de filosofía, historia y de las grandes autoridades del saber. En él, se muestran las doctrinas de toda clase de escuelas y corrientes filosóficas para transmitir las ideas sobre la sana moral y la virtud. Los emigrantes chinos viajaron con este libro y se extendieron ampliamente en la comunidad china en Filipinas. Así, el *Beng Sim Po Cam* fue casi el primer libro que los misioneros en Filipinas leyeron para conocer la cultura china (*ibid.*).

Para entender este libro, es necesario conocer el significado del título. Los primeros dos caracteres del título *Beng Sim* (明心 *claro corazón) significan "alumbrar y purificar el corazón", lo cual explicita la finalidad de alcanzar un corazón limpio y depurado por la iluminación del libro. Los últimos dos caracteres *Po Cam* (宝鉴 *valioso [espejo de bronce antiguo], "espejo valioso") aluden a *baojing* (宝镜 *valioso espejo, "espejo valioso"): los clásicos solían utilizar esta designación embellecedora del espejo en los títulos de sus libros para expresar su poder de servir como un modelo o ejemplo. Posteriormente, *baojian* (宝鉴) sustituye frecuentemente a *baojing* (宝镜) y se convierte en la designación habitual de los títulos (*ibid.*).

Según Liu Limei (2005), en general, la traducción de Juan Cobo tiene una característica de literalidad y mantiene una forma correspondiente al estilo del original. A menudo sustituye cada carácter chino por su equivalencia castellana, pero cuando no es posible, su recurso es respetar la idea de forma general y no tan específica. A veces, utiliza una perífrasis para expresar el contenido de las palabras monosilábicas en el chino clásico. Para remediar la oscuridad y falta de soltura en su versión, que tendría un respeto excesivo hacia el original, Cobo se concede algunas libertades y aplica algunas estrategias de traducción, p.ej., añade palabras que no se corresponden con el original; añade una explicación del significado específico de algunas palabras; aplica una elección terminológica del signo contrario al del original, pero conservando el mismo sentido; deja de traducir algunas palabras o de simplificar y de unificar el sentido de dos oraciones; y abandona el reflejo del orden formal y literal del original con el fin de atender a la función gramatical del chino clásico.

Liu Limei (2005) ha examinado los logros y limitaciones obtenidos por Cobo en su traducción. (1) Modos de resolver la frecuente omisión del sujeto explícito del chino clásico. (2) Limitaciones ante fenómenos semánticos, sintácticos y léxicos, p.ej., ante el fenómeno polisémico del chino clásico, el traductor comete errores debido a la falta de dominio en los usos polisémicos. En algunos casos, el respeto del orden sintáctico del chino y el reflejo de la omisión del sujeto explícito engendran una lectura ambigua y discordante en la traducción.

Algunos "errores" de las traducciones de Cobo se deben a una interpretación intencionada y preconcebida del traductor. Cobo también emplea palabras con un contenido semántico de gran amplitud, lo que le permite generalizar la frase hasta llegar a privarla de su contenido semántico específico. A veces, por reflejar el valor semántico de cada carácter chino, se desatiende su sentido figurado en su contexto. La reacción del misionero frente a las diferencias culturales fue, en algunos casos, la manipulación ideológica por medio de la traducción, evitando así que los contenidos originales se contradigan con la religión católica y los principios de la Iglesia de Roma. En palabras de Liu Limei:

Así, nos encontramos a veces con que una elección del traductor está encauzada a encontrar semejanzas entre los los conceptos orientales y cristianos. Por ellos, el medio cultural y la filiación religiosa son los elementos constituyentes de la desviación de la lectura del original chino. De este modo se explicaría la siguiente lista de inequivalencias culturales (confeccionada con los significados originales del chino y la correspondiente traducción de Cobo):

CHINO	SIGN. ORIGINAL	TRADUC. DE COBO
罪[zui]	delito, crimen, culpa, etc.	pecado (F. 29r.v.;F. 39.46v.)
过[guo]	falta, error, etc.	pecado (F. 31, 33, 34, 61r.v.)
恶[e]	maldad, vicio, etc.	pecado (F. 9, 23r.v., 42r. 34 v.)
非[fei]	error	pecado (F. 39, 46, 120r. v.)
佛[fo]	Buda, budismo, etc.	los sanctos (F. 53, 95, 113r.v.)
仙[xian]	inmortal, hada, etc.	los sanctos (F. 103, 120r.v.)
和尚[he-shang]	monje budista	sacerdote (F. 95r.v.)
天 [tian]	cielo	Dios (F. 103,110,127 r.v.)
天地 [tian-di]	cielo y tierra	Dios (F. 119r.v.)

(Liu Limei 2005:44)

De hecho, los ejemplos mostrados indican que los conceptos del cristianismo también podrían ser un recurso lingüístico del traductor, ya que sirven para construir un tipo de lengua comprensible, mejor adaptada a la representación conceptual de los lectores occidentales. Pero el hecho es que existe una distancia que separa a los filósofos chinos del traductor español.

A pesar de las limitaciones que existen en su comprensión y transferencia del texto original, Cobo logró obtener un dominio considerable de la lengua china clásica, pues en su traducción hay notables aciertos en palabras que son difíciles de identificar sin un buen diccionario. Liu Limei (2005: 47) considera que *la traducción de Juan Cobo no deja de ser una versión de sumo interés tanto para el aprendizaje del chino clásico, como para el conocimiento general de la literatura china clásica.*

1.2.3.2. Diccionarios bilingües generales de español-chino

En 1959, los estudiantes y profesores del Departamento de Estudios Hispánicos de la Universidad de Estudios Extranjeros de Pekín hicieron el primer diccionario español-chino desde la independencia de China, llamado *Xi han ci dian* (西汉辞典 "Diccionario español-chino"). Como mérito para celebrar el décimo aniversario de la creación de la República Popular China, se procuró concluir este diccionario antes del día 1 de octubre de 1959. Increíblemente, consiguieron terminarlo en veinticinco días. Tiene 40.000 palabras, con información sobre unidades fraseológicas dentro de las entradas léxicas, basándose en un diccionario español-ruso anterior y en el *Diccionario manual e ilustrado de la lengua española* (RAE, 1927). En la selección de palabras, definición y ejemplos, se observan especialmente los factores políticos. Fue utilizado en la enseñanza e investigación del idioma español durante aquella época. Sin embargo, tenía importantes lagunas y defectos, por lo que eran necesarios ciertos diccionarios más detallados, amplios y completos. En 1972, esta facultad se encargó de nuevo de hacer otro diccionario español-chino. Después de seis años de gran esfuerzo, el diccionario *Xin xi han ci dian* (新西汉词典 "Nuevo diccionario español-chino") (1982) se terminó. Es una obra de consulta de palabras que se encuentran ordenadas alfabéticamente, con más de 82.000 entradas. Además, como sub-entradas, se localizan más de 22.000 unidades fraseológicas. En 1981, se hizo el diccionario *Jian ming xi han ci dian* (简明西汉词典 "Breve diccionario español-chino") que contiene 4.300 entradas, entre las que también hay locuciones, *chengyu*, y proverbios. En 2010 salió una nueva edición *Xin xi han ci dian* (新西汉词典 "Nuevo Diccionario Español-Chino") (Sun Yizhen 2010) que amplió las entradas hasta 60.000, con ejemplos más detallados y definiciones más precisas.

Mao Lijin publicó en 1991 el enorme diccionario *Xian dai xi han han xi ci dian* (现代西汉汉西词典 "Diccionario moderno Español-chino, Chino-español"), que tiene 70.000 entradas, abarcando palabras de varias áreas. El apartado español-chino contiene más de 40.000 entradas, y el chino-español más de 30.000. Sobre todo, incluye una gran parte de vocablos nuevos desde los años noventa de siglo XX. Además, cuenta con bastantes unidades fraseológicas.

El diccionario *Xin shi dai xi han da ci dian* (新时代西汉大词典 "Nueva era gran diccionario español-chino") (Sun Yizhen 2008) cuenta con 150.000 entradas, incluyendo palabras básicas, palabras prestadas, abreviaturas, afijos, frases hechas, expresiones habituales, *chengyu*, proverbios, nombres propios, términos técnicos, etc.

En dirección inversa, cabe mencionar el *Diccionario Español de la lengua china* (Mateos Fernando[97] et al. 1977) publicado en España. En el cuerpo principal de este diccionario se analizan más de seis mil caracteres aislados, y registramos unas setenta mil expresiones del idioma chino actual, en sus niveles tanto popular como culto, acompañándolas de su correspondiente romanización y traducción. Además, cuenta con numerosas unidades fraseológicas, mayoritariamente los *chengyu*. En China, en 1999, se hizo el diccionario *Xin han xi ci dian* (新汉西词典 "Nuevo diccionario chino-español") (Sun Yizhen 1999), que recoge 30.000 entradas, incluyendo una gran cantidad de palabras monosílabas, palabras compuestas, dialectalismos, unidades fraseológicas, y términos técnicos.

En ambas direcciones, cabe citar el diccionario *Xi han han xi ci dian* (西汉汉西词典 "Diccionario Español-chino & Chino-español") de Mao Jinli (2011), que abarca también una gran cantidad de vocablos. La sección español-chino contiene más de 40.000 entradas, y la sección chino-español más de 30.000. Incluye principalmente una gran parte de vocabulario reciente desde los años noventa del siglo XX. Además, también cuenta con bastantes unidades fraseológicas.

1.2.3.3. Los diccionarios fraseológicos propiamente dichos (chino-español)

Los diccionarios fraseológicos español-chino son menos abundantes que los diccionarios generales. Entre ellos, destacan los que indicamos a continuación.

Ante todo, hay que mencionar el diccionario fraseológico*1000 refranes chinos - florilegio de refranes chinos* (中国谚语一千首) editado por Fernando Mateos, S. J. en 1972 y publicado por la Asociación Española de Orientalistas. Se trata

---

[97] Mateos Fernando es lexicógrafo, autor de un diccionario chino-español autorizado, e historiador de iglesia. Ha escrito extensamente acerca de la misión jesuita en China.

de un diccionario de mil refranes chinos traducidos en español, divididos por una serie de temas, incluyendo Pensamiento religioso; Conducta ética; El hombre en el mundo; Vida familiar; Lazos sociales; El valor de la palabra; Primacía del saber; En el Celeste Imperio; Un pueblo práctico; Cuidados del cuerpo; Servicios corporales; Utilidades; El tiempo y la vida; Experiencias del campo; y Fauna china. Se añaden las transcripciones fonéticas de forma española en vez de acudirse al *pinyin*, así como los significados de algunos elementos importantes del refrán, y la definición del refrán entero. Además, cuando es posible se agrega su equivalente español, inglés, francés, italiano, ruso, japonés, tailandés, etc. Asimismo, también se pone la variante china en algunos casos. Se proporcionan el uso, la motivación o la etimología del refrán.

Diccionario de argot español-chino (西汉俚语词典) editado por Ni Huadi *et al.*, publicado en Taipei en 1989, se compilan una gran cantidad de vocablos argóticos más populares en español, junto con frases modelo como ejemplos, con motivo de facilitar el aprendizaje del español y de acercarse a la cultura y a las costumbres cotidianas españolas.

El diccionario *Xi ban ya yu cheng yu ci dian* (西班牙语成语词典 "Diccionario de unidades fraseológicas de la lengua española") de Chen Guojian (1993), contiene más de 16.400 unidades fraseológicas de diferentes tipos, como locuciones, frases hechas, proverbios, paremias, etc. Se acompañan bastantes ejemplos que vienen de obras literarias originales.

El diccionario *Jian ming han xi cheng yu ci dian* (简明汉西成语词典 "Breve diccionario de modismos chino-español") de Fang Ying (1995) tiene más de 6.000 unidades fraseológicas, entre las cuales hay mayoritariamente *chengyu*, lo demás son dichos comunes, proverbios y argot. Se explican los significados y se intenta, además, ofrecer los equivalentes españoles para cada unidad fraseológica, así como los ejemplos para explicar sus usos.

En el diccionario de Tang Minquan (1991) *Xi ban ya yu cheng yu dian gu xiao ci dian* (西班牙语成语典故小词典 "Pequeño diccionario de *chengyu* y alusiones clásicas de la lengua española") se compilan más de 1000 unidades fraseológicas españolas, incluyendo proverbios, frases hechas, locuciones, etc. Además, se trata las UFs desde varios aspectos etimológicos, como pueden ser cuentos históricos, fábulas, leyendas, historia, política, costumbre, etc.

El diccionario *Xi ban ya yu xi yu ci dian* (西班牙语习语词典 "Diccionario de unidades fraseológicas de la lengua española") (Tang Minquan 2007) recoge más de 1.200 entradas de unidades fraseológicas españolas, incluyendo proverbios, frases hechas, etc. Además, de dichas UFs se proporcionan su significado y etimología.

Debido a su finalidad práctica, no necesitan separar los distintos tipos de fraseologismos. Sin embargo, se observa que las obras modernas se centran menos en el proverbio que las antiguas.

El *Diccionario fraseológico-cultural de la lengua china* (Jia Yongsheng 2013), como se ha dicho, aborda la comparación del chino y del español desde una perspectiva linguo-cultural, partiendo de la teoría de Dobrovol'skij & Piirainen (2005) y del concepto de *culturema* (Pamies 2007b), así como de las investigaciones de Luque Durán (2007) y de Luque Nadal (2012). Establece una selección temática que se justifica por la relevancia de los distintos ítems culturales en la lengua china: temas que son los principales dominios fuente de fraseologismos en la mayoría de las lenguas del mundo, mediante capítulos dedicados a Animales, Cuerpo humano, Colores y Números, Comida, Creencias Religiosas, Palabras clave culturales relacionadas con la psicología humana y la naturaleza, Personajes históricos, Profesiones, Topografía y Toponimia, y aborda también Comparaciones proverbiales, Insultos, Palabras malsonantes, Trabalenguas y Onomatopeyas.

1.3. La equivalencia y la traducción de los frasemas

1.3.1. La intraducibilidad de los frasemas

Las UFs se consideran a menudo como lo más idiosincrásico y particular de una comunidad lingüística y, por tanto, de difícil traducción a otra lengua (Corpas 2003 [2001]: 213). Se ha llegado a afirmar la intraducibilidad de algunas de las que encierran referencias históricas o socioculturales idiosincrásicas (Timofeeva 2008:58).

Corpas ha dedicado varios artículos a esta cuestión (1997, 2000, 2001), y a veces la versión más moderna modifica en parte la terminología de los más antiguos. Habla de la imposibilidad de traducir convenientemente la fraseología como "una de esas creencias profundamente arraigadas que resultan tan difíciles de desmitificar". Al contrario, en diversas ocasiones se han señalado las similitudes y paralelismos de los universos fraseológicos de las lenguas (Corpas 1996, 2000; Iñesta & Pamies 2002).

En el artículo *"Blind Idiot" Translation or Beware of Idioms*, Elena V. Beloglazova & Olga A. Bartashova (2012), tratan los diversos problemas de traducir las unidades fraseológicas, incluyendo las UFs convencionales, sus transformaciones, la identificación y la interpretación en la primera fase del proceso de traducción (*input*), y la búsqueda de la forma adecuada para expresarlas en la lengua meta en la segunda fase (*output*).

La cultura, la mentalidad y la interrelación discursiva afectan mucho a la traducción, por lo que en cierta etapa causa la inaccesibilidad de la traducción. La fraseología es exactamente lo que constituye la particularidad cultural en la traducción. De esta forma, las autoras se concentran en la traducción de las UFs menos canónicas o más problemáticas, principalmente, de las siguientes cuestiones: (1) La traducción de las UFs fonéticamente motivadas; (2) La traducción de las UFs transformadas; (3) La aparición de un significado idiomático adicional en la traducción que no existe en la UF original. Al final, concluyen que, a pesar de décadas de investigación, todavía existe intraducibilidad en el caso de las UFs. A pesar del extenso estudio en el campo de la fraseología, solamente los principales problemas se han analizado, por lo que aún queda mucho por hacer con respecto a su traducción.

En el artículo *Translating Culture-Bound Lexical Units: "a Tough Row to Hoe"*, Bradeanu (2011) analiza la dimensión cultural que presenta la traducción de las unidades fraseológicas, y explica las causas de sus dificultades. Las unidades fraseológicas se basan en imágenes culturales y, generalmente, tienen distintas particularidades nacionales. Por un lado, las connotaciones a menudo son engañosas; por otro, existen diferencias tanto en el ámbito de aplicación como en las convenciones de uso, influenciadas por la cultura fuente. Así que, al traducir las UFs, se necesita respetar los rasgos característicos de dichas unidades pero, al mismo tiempo, se debe conseguir el mayor grado de intercambio cultural (Bradeanu 2011:74).

Todos admiten que las unidades fraseológicas contienen las características más peculiares de una lengua, tanto en la cultura como en la lingüística (Corpas Pastor 2003: 213, *apud.* Bradeanu 2011:74). Numerosas unidades fraseológicas reflejan ciertos rasgos socioculturales, históricos o etnográficos, que son específicos en cada comunidad lingüística. Mason (1982) afirma que "las connotaciones culturales de una palabra o expresión no pueden, en algunos casos, conseguir un efecto similar en los lectores de la lengua meta, porque ese efecto simplemente no existe en su cultura" (*apud.* Bradeanu 2011:74-75). Por ejemplo, la locución británica **ing.** *to carry / take coals to Newcastle* ("ofrecer algo de lo que ya hay mucho"), existe porque en Newcastle se produce mucho carbón. Sin embargo, este ejemplo se puede traducir con "equivalentes culturales" similares como **esp.** *llevar agua al mar*; **esp.** *llevar leña al bosque*; **esp.** *llevar lechuza a Atenas*, etc., **chn.** *dà bái tiān zhǎng dēng* [大白天掌灯 *completo blanco cielo llevar lámpara (llevar una lámpara en un día luminoso)]; **chn.** *yǔ tiān jiāo dì* [雨天浇地*lluvia cielo regar suelo (regar el suelo en un día lluvioso)]; **chn.** *chī xián yú zhàn jiàng yóu* [吃咸鱼蘸酱油*comer salado pescado mojar salsa de soja[98] (echar salsa de soja al pescado salado)].

Corpas (2003: 213) enfatiza otra dificultad en la traducción de las unidades frascológicas, que se debe a su complejidad interna. En la mayoría de los casos, las UFs contienen una serie de elementos interrelacionados que provocan dificultades para conseguir una traducción adecuada en la lengua meta. Por ejemplo, Corpas compara la locución inglesa **ing.** *at full tilt* ("con gran velocidad y / o fuerza") y la española **esp.** *a toda vela*: aunque estas dos se consideran como equivalentes, sus significados no se corresponden totalmente. Solamente el significado primario de la locución inglesa ("con gran velocidad") existe en la española, pero su significado secundario ("con una dejadez temeraria; precipitadamente") no se encuentra en el frasema español. Además, las dos expresiones se basan en dos imágenes completamente diferentes. Es un caso de "equivalencia parcial".

Las dificultades de traducción también surgen cuando las unidades fraseológicas se utilizan en el texto fuente, en su sentido literal y en su sentido idiomático al mismo tiempo (Baker 1992:69, *apud.* Bradeanu 2011:75). Podemos observar esta cuestión en los juegos de palabras o en el estilo poético. En estos casos, salvo que casualmente el frasema de la lengua

---

[98] La salsa de soja es salada, se usa en China como sustituto de la sal.

fuente corresponda al de la lengua meta, tanto en la forma como en el significado, no se consigue el efecto satisfactorio (Bradeanu 2011:75).

Quiroga (2006: 2029-2030) distingue dos tipos de dificultades a las que se enfrenta el traductor de las UFs: las relativas a la *naturaleza* fraseológica y las relacionadas con el *proceso* de traducción. Según el tipo de las UFs comparadas, las de primer tipo se subdividen en cuatro categorías:
- expresiones que contienen una referencia específica a hechos, circunstancias o personajes exclusivos del marco histórico cultural de la lengua de partida;
- expresiones que presentan una correspondencia válida en otras lenguas;
- UFs cuya base metafórica coincide en la lengua origen y la lengua meta, aunque las expresiones sean distintas;
- los "falsos amigos fraseológicos" (*apud*. Timofeeva 2008: 58).

Las dificultades relacionadas con el proceso de traducción se refieren a los problemas que pueden surgir en distintas fases del mismo, es decir, la *identificación* de la UF, su adecuada *interpretación* y, finalmente, la *búsqueda de equivalentes* (Quiroga 2006: 2030). Las tres fases están estrechamente relacionadas, y los problemas en una de ellas provocan dificultades en las otras. En otras palabras, si una UF no está correctamente identificada, no puede ser adecuadamente interpretada, lo cual provoca errores en la traducción (Timofeeva 2008:58-59).

La *equivalencia funcional* se refiere a los casos en los que una unidad fraseológica comparte en dos lenguas el mismo significado fraseológico global en contexto, aunque tenga una forma interna diferente (Mellado 2000: 400, *apud*. Timofeeva 2008: 68). La *equivalencia parcial* se refiere a:

> Cuando una locución de la L[engua] O[rigen] se traduce por una locución en la L[engua] M[eta] que presenta diferencias de significado denotativo o connotativo, o que pertenece a una variedad (diastrática, diafásica y diatópica) distinta; o es traducida por una unidad léxica simple carente de los valores expresivos de la locución en cuestión. (Corpas 2003: 207, *apud*. Timofeeva 2008: 64)

1.3.2. La equivalencia de traducción

1.3.2.1. Las equivalencias para Gloria Corpas

En el artículo "Grados de equivalencia translémica de las locuciones en inglés y español", Corpas Pastor (2003 [1997]) intenta establecer los grados de equivalencia translémica y determinar la existencia de translemas a estos niveles lingüísticos, así como su posible implicación para los estudios de traducción. En el artículo "Acerca de la (in)traducibilidad de la fraseología" (2003 [2000]) y en el artículo "La traducción de la fraseología: técnicas y estrategias" (2003 [2001]), Corpas Pastor aborda las dificultades que presenta la traducción de la fraseología, y distingue unas técnicas y estrategias, enfatizando en la competencia fraseológica del traductor y en su capacidad de interpretar y buscar equivalentes en contexto.

Ante todo, se explica el término TRANSLEMA y BINOMIO TEXTUAL:

> Un translema es la unidad de traducción formada por una entidad lingüística de cualquier nivel y su equivalente de traducción. Un binomio textual es un TO y su TR [TO = texto de origen; TM = texto meta; TR = (equivalente de) traducción.] (Corpas Pastor 2003 [1997]: 205).

Las locuciones presentan cuatro tipos de equivalencia: (i) equivalencia total, (ii) equivalencia parcial, (iii) equivalencia nula y (iv) equivalencia aparente.

(i) equivalencia total (Corpas 1997) o plena (Corpas 2000, 2001)

Cuando dos locuciones forman un *translema* en todo momento, éstas presentan una relación de equivalencia total. En este caso, ambas poseen el mismo significado denotativo y connotativo (expresivo, emocional y estilístico), con los mismos niveles diastráticos, diafásicos y diatópicos (Corpas 2003 [1997]:206). Asimismo, ambas presentan la misma base metafórica, la misma distribución y frecuencia de uso, las mismas implicaturas convencionales, la misma carga pragmática, etc. (Corpas 2003 [2001]: 217). Generalmente se trata de unidades literales que son fraseotérminos (ej. **ing.** *red card* = **esp.** *tarjeta roja* [deporte]), aunque a veces algunas locuciones también pueden presentar equivalencia total (ej. **ing.** *the black sheep of the family* = **esp.** *la oveja negra de la familia*) (Corpas 2003 [1997]: 206-207). Este tipo de equivalencia es poco frecuente. También existen en el caso de los europeísmos que aluden a un fondo cultural medieval (ej. **esp.** *talón de Aquiles* = **ing.** *Achiles'heel*), los calcos (ej. **esp.** *Dos son compañía, tres son multitud* = **ing.** *Two is company, three is a crowd*). Con respecto a las locuciones de este tipo, el traductor simplemente necesita sustituir la unidad por su equivalente en la LM (2003 [2001]: 217), pero ocurre pocas veces.

(ii) equivalencia parcial

Hay equivalencia parcial cuando una locución en LO y su equivalente en LM presentan diferencias de significado denotativo o connotativo o pertenecen a una variedad (diastrática, diafásica y diatópica) distinta. Aun así, tales parejas se consideran *translema*s ocasionales. En su traducción se puede aplicar la técnica de la *sustitución*, con vistas a conseguir una equivalencia funcional. Cabe señalar que la equivalencia parcial, si no se compensa en contexto, podría causar *infratraducción* o *sobretraducción*. Es decir, cuando en la locución del TM faltan aspectos semánticos, estilísticos o connotativos presentes en la del TO, se produciría *infratraducción*. En cambio, cuando el equivalente de traducción en la LM presenta aspectos ausentes en la locución de la LO, surgiría el problema *sobretraducción* (2003 [1997]: 207).

Las divergencias entre dos locuciones de LO y de LM se deben a causas diversas. O bien a la distinta frecuencia y distribución de las UFs en las dos comunidades lingüísticas, o bien a las divergencias y solapamientos en cuanto al contenido semántico o las restricciones diasistemáticas de las UFs implicadas. También, en algunos casos, el equivalente de la locución en la otra lengua se forma solamente por una unidad léxica simple (p.ej. **ing.** *in two minds* = **esp.** *indeciso*) (2003 [2000]: 282-283).

(iii) equivalencia nula

Este tipo abarca todas aquellas locuciones de la LO que no poseen un equivalente de traducción en la LM por razones puramente lingüísticas o de orden cultural, histórico, etc. (Corpas 2003 [1997]: 208). Sobre todo, cuando se trata de unidades que aluden a una determinada realidad sociocultural que no existe en la cultura meta. Por ejemplo, en español abundan UFs vinculadas al mundo del toreo, tales como *hacer el paseíllo* o *ponerse el mundo por montera* (Corpas 2003 [2000]: 283). En estos casos, el traductor necesita optar por una paráfrasis de la carga semántica, pragmática y discursiva de la UF en el TO, o por alguna otra técnica de transferencia, perdiendo en general las connotaciones correspondientes (Corpas 2003 [1997]: 208, Corpas 2003 [2001]: 218).

(iv) *equivalencia aparente* **(Corpas 2003 [1997]) /** *falsos amigos* **(Corpas 2003 [2001])**

Dos unidades de la LO y de la LM presentan relación aparente cuando ambos muestran una similitud formal con respecto a sus elementos constitutivos, pero una diferencia semántica global. También se denominan "falsos amigos", porque suelen causar confusión en el aprendizaje de idiomas. Por ejemplo,

> **ing.** to *have one's wires crossed* = **esp.** *sufrir un malentendido*, y no coincide con la locución **esp.** *tener los cables cruzados* que significa "tener el juicio nublado" (Corpas 2003 [1997]: 207).

1.3.2.2. Las equivalencias para Julia y Manuel Sevilla Muñoz

Julia Sevilla, como directora del Refranero Multilingüe, aborda esta cuestión desde una perspectiva lexicográfica. En el artículo *Fraseología y traducción*, Julia Sevilla (1997) señala que los traductores suelen encontrar tres tipos de dificultades en los frasemas y, sobre todo, en los refranes:
  -*terminológicas y conceptuales;*
  -*gramaticales y semánticas;*
  -*lexicográficas y paremiográficas* (Sevilla 1997: 433).

En cuanto al tercer problema, la dificultad de traducir estos fenómenos también se debe a la escasez de diccionarios relevantes. Además, las obras bilingües especializadas son pobres en ambos campos de modo que, aunque exista un equivalente, puede que el traductor no lo sepa. Por lo tanto, para un traductor, se hace difícil realizar una consulta (Sevilla 1997: 434).

En otros artículos posteriores llamados "La técnica actancial en la traducción de refranes y frases proverbiales" (2004a), "La técnica temática en la traducción de refranes y frases proverbiales" (2004b), "La técnica sinonímica en la traducción de refranes y frases proverbiales" (2005a), "La traducción de paremias populares: el refrán y la frase proverbial" (2005b), Julia Sevilla y Manuel Sevilla desarrollan su clasificación más detalladamente.

Con respecto a la búsqueda de correspondencias entre los refranes y las frases proverbiales de dos o más lenguas, Sevilla y Sevilla (2004a, 2004b, 2005a) presentan tres técnicas traductológicas: la *actancial*, la *temática* y la *sinonímica*.

> La técnica actancial: consiste en iniciar la búsqueda de la posible correspondencia entre las paremias populares de la lengua terminal con el mismo actante o con un actante similar que las paremias de la lengua original, entendiendo por actante el sustantivo que designa el sujeto o el objeto que participa en el proceso expresado por el verbo. (*op.cit.*)

En algunas ocasiones, se halla la correspondencia entre diferentes lenguas. Pero, a veces, no se encuentran actantes idénticos sino próximos, pertenecientes al mismo campo. *Esta técnica resulta muy útil para relacionar las distintas correspondencias conceptuales, esto es, de contenido pero no de forma* (*ibid.*).

En cuanto a *la técnica temática*, Sevilla y Sevilla (2004b) explican que:

> La técnica temática consiste en buscar correspondencias a través de la idea clave. Así, las tres paremias siguientes coinciden en la idea clave de 'apreciación': ej., cree / piensa el ladrón que todos son de su condición; knaves imagine nothing can be done without knavery. (Sevilla & Sevilla 2004b)

Esta técnica sirve para redactar refraneros con un criterio clasificador por ideas o palabras clave. Además, si esta técnica se combina con la *técnica actancial* el resultado puede ser aún mejor (*ibid.*).

Asimismo, Sevilla y Sevilla (2005a) presentan la *técnica sinonímica* de la siguiente forma:

> La técnica sinonímica consiste en buscar

correspondencias paremiológicas teniendo en cuenta el grado de equivalencia de significado de las paremias que poseen la misma idea clave, lo que nos lleva a encontrar correspondencias literales y/o conceptuales. Las primeras presentan una coincidencia tanto de contenido como de forma; las segundas sólo tienen una coincidencia de contenido. (*ibid.*)

Esta técnica contribuye no sólo a localizar una correspondencia lo más individualizada posible, sino también a afinar en el orden prioritario de las correspondencias, las literales y las conceptuales. Es recomendable que colaboren las tres técnicas mencionadas anteriormente con el fin de mejorar su funcionamiento (*ibid.*).

Entre las paremias propiamente dichas, ambos tipos, refranes y frases proverbiales, provocan dificultades debido a su sentido idiomático, *un sentido metafórico que posibilita su aplicación a distintas situaciones de la vida cotidiana* (Sevilla & Sevilla 2005b). Estos autores añaden la cuarta posibilidad, "la traducción literal", pero advierten que este método resulta inútil en la mayoría de los casos.

1.3.2.3. Las equivalencias para Chen Zhi

En su libro escrito en español *Las connotaciones culturales en la traducción de las expresiones idiomáticas entre el español y el chino*, Chen Zhi (2007) realiza un estudio contrastivo de las denotaciones y connotaciones de las expresiones idiomáticas entre el español y el chino, con fines traductológicos. Explica no sólo qué son las expresiones, sino también cómo éstas se forman. A través de un análisis detallado de una gran cantidad de ejemplos en ambas lenguas, se facilitan también datos sobre las diferencias culturales entre Oriente y Occidente.

Con respecto a la relación entre cultura y traducción, Chen Zhi (2007: 15-35) señala que la traducción no es simplemente un acto de comunicación interlingüística, sino también intercultural. El lenguaje es un recurso expresivo que forma parte de una cultura determinada. Por este motivo, en los distintos niveles lingüísticos se manifiesta una gran variedad de elementos culturales, sobre todo, en los siguientes cuatro niveles:

(1) *Nivel fonético y fonológico*

La connotación cultural se refleja a través de las características fonéticas, ej. en China hay una costumbre de poner azufaifa, cacahuetes, y ojo de dragón en la manta de los novios recién casados para transmitir el deseo de que "tengan un hijo noble cuanto antes": *zǎo shēng guì zǐ* (早生贵子*temprano parir noble hijo), aprovechándose de la homofonía entre *zǎo* (早 *temprano) y *zǎo* (枣 *azufaifa), *shēng* (生 *parir) y *shēng* (生[99] *cacahuete), *guì* (贵 *noble) y *guì* (桂[100]*la fruta *ojo de dragón*) (Chen Zhi 2007:17).

(2) *Nivel gramatical*

Los chinos suelen aplicar una *estructura cerrada*, es decir, primero señalan el contorno en que surge un hecho y luego se acercan a la información central. En cambio, los españoles suelen pensar y hablar con una *estructura abierta*: ante todo se refiere directamente al núcleo y luego al contexto (Chen Zhi 2007:19-20). Todo esto se manifiesta en la distinta estructura de la sintaxis en ambos idiomas.

(3) *Nivel semántico*

Este nivel es la clave de la traducción, pues el motivo esencial de la traducción consiste, efectivamente, en solucionar los problemas semánticos, añadiendo además, que el léxico comprende también connotaciones culturales. Por ejemplo, **chn.** *dāo zi zuǐ, dòu fu xīn* (刀子嘴，豆腐心*cuchillo SUF. boca, queso+de+soja corazón (lengua afilada como un cuchillo y corazón de queso de soja) "persona de palabras picantes pero de carácter bondadoso". *dòu fǔ* (豆腐 *queso de soja) es una comida típica en la cultura gastronómica china. Se caracteriza por lo blando y lo sano. De ahí que se aplique lo blando para hacer referencia a lo bondadoso de una persona (Chen Zhi 2007: 22-23).

(4) *Nivel pragmático*

El nivel pragmático está estrechamente relacionado con emisor, receptor y sus circunstancias.

Según Chen Zhi (2007: 54), la traducción de las expresiones idiomáticas entre español y chino se puede clasificar en

---

[99] Aquí *shēng* (生) se refiere a *huā shēng* (花生*cacahuete).
[100] Aquí *guì* (桂) se refiere a *guì yuán* (桂圆 *la fruta ojo de dragón)

equivalencias y divergencias denotativas y connotativas, como podemos observar en la siguiente tabla:

		denotación	connotación	ejemplo
coin-cidencia	total	equivalencia	quivalencia	**chn.** *zhú lán dǎ shuǐ yī chǎng kōng* 竹篮打水一场 *bambú cesto coger agua uno vez vacío (sacar agua con un cesto de bambú: el resultado es nulo) **esp.** *coger agua en un cesto*
	par-cial	quivalencia	Quivalencia parcial	**chn.** *jiā tíng* (家庭 *casa patio): los miembros de la familia incluyen el marido, la esposa, los hijos, los hermanos, los abuelos paternos. Además, una pareja sin hijos también se considera una familia. **esp.** En español, "familia" es más "amplio" porque no se limita al hogar, p.ej. incluye nietos, sobrinos, tíos, primos, cuñados, concuñados… La equivalencia de *jiā tíng* sería algo así como *parientes cercanos*
		quivalencia	divergencia	**chn.** *yà zhōu sì xiǎo lóng* 亚洲四

			(Laguna u oposición)	小龙 *Asia cuatro pequeño dragón (cuatro dragones pequeños de Asia[101]) *esp.* cuatro tigres de Asia[102]
		quivalencia parcial	Equivalencia	**chn.** *móu shì zài rén, chéng shì zài tiān* 谋事在人，成事在天 *proponer asunto depende persona, triunfar asunto depende cielo (el hombre propone, el cielo dispone) **esp.** El hombre propone, y Dios dispone.*
		divergencia	equivalencia	**chn.** *qiáng dǎo zhòng rén tuī* 墙倒众人推 *pared caer numerosos persona empujar (al caer una pared, todo el mundo la empuja)* "cuando uno se encuentra en una situación muy difícil o sufre reveses, todo el mundo se aprovecha y lo ataca." **esp.** *Del arbol caído, todos*

---

[101] *Yà zhōu si xiǎo lóng* (亚洲四小龙*Asia cuatro pequeño dragón) se refiere a "Hongkong, Japón, Taiwán y Singapur" que, en Asia, destacan por su economía.
[102] En la traducción española se sustituye "dragón" por "tigre" para evitar el posible malentendido cultural, ya que en la cultura occidental el *dragón* se considera un "animal satánico" y, en cambio, en la cultura china, *lóng* (龙 *dragón) se considera "majestuoso, poderoso, gallardo, fausto, hábil, heroico..." (*ibid.*).

			hacen leña.
divergencia absoluta	laguna	laguna	**chn.** *qí páo* 旗袍 *bandera ropa*[103]: vestido chino de origen manchú con cuello cerrado y aberturas laterales que caracteriza el vestido femenino en China **esp.** ∅
			Chen Zhi (2007:54)

---

[103] *qí páo* (旗袍) literalmente se refiere a la ropa manchú. El concepto de "manchú" también tiene otras dos denominaciones: *qí rén* (旗人 *bandera persona*) o *bā qí* (八旗 *ocho bandera*), debido a que la sociedad manchú estaba bajo el sistema llamado "las ocho banderas" (*bā qí* 八旗). Dichas banderas eran las divisiones administrativas en las que estaban situadas todas las familias manchúes, lugares básicos para la organización militar manchú. El componente esencial de las banderas fue la compañía. Algunas de las banderas reflejaban linajes preexistentes o conexiones tribales entre sus miembros, mientras que otras anulaban tal conexión, en un intento de crear una fuerza militar más centralizada.

2. METÁFORA Y ARCHI-METÁFORA

2.1. Los modelos metafóricos recurrentes

Aristóteles fue el primero en la historia en estudiar sistemáticamente la metáfora, que define como *dar a una cosa un nombre que pertenece a otra, la transferencia puede ser de género a la especie, o de especie a género, o de especie a especie, o en el suelo de la analogía* (Aristóteles, *Poética*: 2000 [1457]). Aristóteles consideraba la metáfora como una desviación del lenguaje ordinario. Su teoría ejerció una influencia significativa en el desarrollo de la retórica, y durante más de 2000 años, la metáfora se ha estudiado como una cuestión lingüística o una figura retórica, un ingrediente dignificante y vivificante, elemento decorativo del lenguaje ordinario, o recurso retórico para lograr determinados efectos (Pan Youping 2006:9).

En 1930, I. A. Richards propuso la teoría de la interacción, y afirma, en su libro *The Philosophy of Rhetorics* (1936), que *Metaphor is the omnipresent principle of language*. También afirma que *Thought is metaphoric, and proceeds by comparison and the metaphor derive there from*. Más tarde, Max Black (1962) desarrolla y mejora la teoría interaccionista de Richards. El significado metafórico sería el resultado de una interacción entre una expresión y el contexto en el que se utiliza. Este punto de vista rompe con los estudios tradicionales de la metáfora de carácter retórico, y se comienza a ver la metáfora como un problema semántico que se tiene que tratar en el nivel de la oración.

La publicación de Lakoff y Johnson *Metaphors We Live By* (1980) es considerada como el comienzo de la era cognitivista en el estudio de la metáfora. Estos autores propusieron la "Teoría Cognitiva de la Metáfora" (TCM), y afirmaron que *la metáfora es omnipresente en la vida cotidiana, no sólo en el lenguaje sino en el pensamiento y la acción*[104]. Por lo tanto, en lugar de ser un adorno para el lenguaje, la metáfora fue concebida como una potente herramienta que ayuda a los humanos a conocer el mundo. Según Lakoff y Johnson (2003 [1980]: 3):

---

[104] La traducción es nuestra.

[...] metaphor is pervasive in everyday life, not just in language but in thought and action", and "our ordinary conceptual system, in terms of which we both think and act, is fundamentally metaphorical in nature.

Estos autores consideran que la metáfora no sólo es un fenómeno lingüístico, sino también es un proceso conceptual y experiencial que refleja nuestra forma de pensar y actuar y construye la forma en que percibimos el mundo.

Yu Ning (1998: 16, *apud*. Du Pengju 2015) señala que una característica única de la TCM es "hacer una distinción notable entre metáforas conceptuales y expresiones metafóricas". Expresión metafórica es la manifestación lingüística de la metáfora conceptual, mientras que una metáfora conceptual puede expresarse en distintas expresiones metafóricas. En otras palabras, como señala Lan Chun (2005, *apud*. Du Pengju 2015), la existencia de expresiones metafóricas se debe a un modelo conceptual metafórico que existe en los sistemas conceptuales humanos.

La fraseología es particularmente relevante para estudiar estos problemas y, de hecho, la mayoría de los ejemplos con los que Lakoff & Johnson ilustraban su teoría son *idioms* ingleses.

Según la tradición, incluyendo al estructuralismo (p.ej., Le Guern 1973), las metáforas lexicalizadas por el uso reiterado se convertirán en "metáforas muertas", teoría rechazada por la semántica cognitiva (Lakoff 1987; 1993), la cual posee un mecanismo de proyección que siempre está "vivo", y que interviene en la comprensión de las metáforas, sean metáforas "congeladas" (*frozen metaphors*) o "nuevas" (*novel metaphors*). La competencia metafórica funciona en la descodificación de ambas categorías, puesto que lo que el emisor considera "congelado" podría ser "nuevo" para el receptor. La semántica cognitiva sostiene que la fuente común para la creación metafórica está por esencia basada en la percepción, las facultades psicomotrices y la experiencia "corporeizada" (*embodied experience*) del ser humano (Lakoff 1987: 12). La teoría cognitivista de la metáfora considera que la metáfora es una forma de pensamiento, por lo que todas las metáforas están "vivas". Gracias a los *esquemas-imágenes*, los hablantes podrían interpretar y utilizar cualquier metáfora de forma activa por *competencia metafórica*. Asimismo, determinados clichés mentales permiten proyectar conocimientos básicos adquiridos por medios psicosensoriales y vivenciales hacia otros dominios más lejanos y/o abstractos. El que el núcleo conceptual emergente tenga una base esencialmente biológica y psicológica hace suponer que es universal. Si bien las metáforas particulares permiten una variación superficial, el núcleo conceptual emergente resulta coincidente en gran medida, de manera que debería producir abundantes coincidencias entre metáforas de lenguas muy distintas.

En el libro de Iñesta & Pamies (2002) *Fraseología y metáfora: aspectos tipológicos y cognitivos*, así como en el artículo "*Modelos icónicos y archimetáforas: algunos problemas metalingüísticos en el ámbito de la fraseología*" (Pamies 2002), estos autores han analizado un corpus fraseológico mediante una metodología inspirada en las teorías de la semántica cognitiva (Lakoff & Johnson 1980, Lakoff 1993) y de la tipología lexicosemántica (Wierzbicka 1996, 1998, 1999, 2000). Con dicho análisis se trató de verificar la existencia de mecanismos coherentes y sistemáticos en la creación fraseológica, empleando una nomenclatura jerarquizada de *modelos icónicos y archimetáforas*, aplicada simultáneamente a numerosas lenguas como una manera de confirmar su posible tendencia universal (Pamies & Iñesta 1999 & 2000; Iñesta 1999; Pamies 2001; Iñesta & Pamies 2002). Su objetivo es verificar, en la fraseología de varias lenguas, el supuesto de las teorías cognitivistas sobre la metáfora, según el cual no todos los conceptos son capaces de ser metafóricos y tienen que existir anteriormente algunas "materias primas" irreducibles desde el punto de vista semántico, que serían la fuente de la cadena de proyecciones de un concepto. El problema se puede resumir en dos preguntas: ¿de dónde vienen las metáforas? y ¿por qué la gente usa unas metáforas y no otras? (*Cf.* Gibbs & Steen 1999:44 y ss.).

2.2. Los estudios de la metáfora en China

El estudio de la metáfora lleva una larga historia en China. Sin embargo, hasta los años ochenta del S.XX, la metáfora se había tratado como un tipo de figura retórica o símil. Según el estudio de Shu Dingfang (2000:8), en el índice de trabajos de investigación sobre las lenguas extranjeras desde 1949 hasta 1989, sólo hay 66 documentos que tratan las figuras retóricas (incluyendo la metáfora). Cuando se hace referencia a la metáfora, la mayoría de los autores la consideran como una figura retórica y, generalmente, sólo explican brevemente las metáforas del inglés o simplemente comparan las metáforas del inglés y del chino.

En los años noventa del S. XX, el estudio de la metáfora en China entró en una nueva etapa. Algunos investigadores, como Lin Suwu [束定芳], Zhao Yanfang [赵艳芳], Wang Yin [王寅] and Su Xiaojun [苏晓军], comenzaron a introducir tanto las teorías de la lingüística occidental como el enfoque cognitivo a los estudios de la metáfora. Aparecieron reseñas de las obras más importantes en las principales revistas sobre lenguas extranjeras. Lin Shuwu, uno de los principales investigadores chinos que introducen los estudios cognitivos occidentales de la metáfora, ha escrito numerosos artículos sobre este tema, incluyendo la reseña *de Metaphor: Its Cognitive Force and Linguistic Structures* (1994 《隐语：其认知力及语言结构》评介), ["Reseña de *Metaphor and Cognition*"] (1995 《隐喻与认知》评介), ["Un panorama general del estudio sobre la metáfora en el extranjero"] (1997 国外隐喻研究综观), y ["Status quo, el enfoque y la tendencia de estudio metáfora"] (2002 隐喻研究的基本现状). Zhao Yanfang, otro investigador que ha contribuido a la introducción de la lingüística cognitiva y al estudio cognitivo de la metáfora, realiza la reseña de *Metaphor We live By* (1995 语言的隐喻认知结构—《我们赖以生存的隐喻》评介)[105], donde suscribe la visión cognitiva de Lakoff y Johnson. Zhao Yanfang también escribe un capítulo sobre la metáfora desde el punto de vista cognitivo en su libro ["Introducción a la Lingüística Cognitiva"] (2000 认知语言学概论). Gracias al esfuerzo de estos investigadores, las teorías de la metáfora en Occidente se han introducido en China.

Al mismo tiempo, algunos investigadores, como Shu Dingfang, Lan Chun, Hu Zhuanglin y Wang Wenbin, hicieron referencia a estas teorías extranjeras y realizaron investigaciones sobre la metáfora, sobre todo desde la perspectiva de su naturaleza, origen, función cognitiva y mecanismo de trabajo. Estos investigadores han publicado numerosas obras relativas a la metáfora, por ejemplo, ["Objetivos, métodos y tareas de los estudios modernos de la metáfora"] (Shu Dingfang 1996 试论现代隐喻学的研究目标，方法和任务), ["La investigación de metáfora"] (Shu Dingfang 2000 隐喻学研究), ["Sobre la función cognitiva de la metáfora"] (Yang Jun 1996 论隐语的认

---

[105] ["La estructura cognitiva de metáfora: Reseña de *Metaphor We live By*"].

知作用), ["El mecanismo activo de la metáfora"] (Peng Zeng'an 1998 隐语的作用机制), ["Sobre los orígenes de la fuente de la metáfora"] (Wang Wenbin & Lin Bo 2003 论隐语中的始源之源). Algunos de estos autores utilizan corpus chinos, por ejemplo, ["Una aproximación cognitiva a la metáfora espacial en Chino"] (Lan Chun 1999 从认知角度看汉语的空间隐喻认知语言学与隐语研究), y algunos comienzan a prestar atención a las similitudes y diferencias entre las metáforas de diferentes culturas, como por ejemplo, ["La selección de significado metafórico y la cognición cultural"] (Ma Qinghua 2000 隐喻意义的取向与文化认知). Hasta ahora, se han publicado varios libros sobre la metáfora, incluyendo ["Matáfora"] (隐喻) de Geng Zhanchun (1993), ["Estudios sobre Metáfora"] de Shu Dingfang (2000 隐喻学研究), ["La metáfora y la cognición"] (认知隐语学) de Hu Zhuanglin (2004) y ["Lingüística Cognitiva y Metáfora"] (认知语言学与隐语研究) de Lan Chun (2005). Todas estas obras muestran un creciente interés en el estudio de la metáfora y los notables progresos hechos en este campo en China [*apud.* Pan Youping 2006].

2.3. Metáfora y motivación

La fraseología se puede considerar como el campo que ofrece los ejemplos más abundantes e ilustrativos de la motivación del lenguaje figurado, porque permite un seguimiento de muchos de los fenómenos que intervienen en el proceso de proyección inter-conceptual. También manifiesta ciertas peculiaridades que reflejan la *motivación,* más allá de las preocupaciones etimológicas (*cf.* Iribarren 1955). En el artículo "*El algodón no engaña*: algunas observaciones sobre la motivación en fraseología" (Pamies 2014) se oponen varios conceptos a la motivación fraseológica, y se observan solapamientos entre los mismos: (1) motivación y transparencia (2) motivación e idiomaticidad (3) motivación fraseológica y diacronía (4) motivación fraseológica y sincronía (5) motivación psicológica y motivación natural (6) motivación intertextual y motivación metalingüística.

Pamies opina que identificar la *motivación* con la *transparencia* confundiría la existencia de un nexo con la posibilidad de percibirlo. Los lingüistas poseen diferentes criterios sobre esta cuestión, lo cual ha dado lugar a confusiones.

Penadés y Díaz Hormigo (2008: 61) afirman que una relación motivada entre significado y significante debe ser *percibida como causal por el hablante, por el investigador o por ambos*. En este caso, la motivación sería solamente un hecho perceptivo y dependería de la competencia metalingüística de los hablantes. Por ejemplo, García Page (2002: 45-47) opina que la motivación sería *puramente individual* y *subjetiva*, y Zuluaga (1980: 121-139) afirma que la etimología sería *irrelevante* para la motivación. Si fuera cierto, la motivación sería totalmente libre y subjetiva, sin ninguna base histórica. Pamies (2014b) recalca la necesidad de una distinción más rigurosa, pues la dicotomía *motivado* vs. *arbitrario* se refiere a una propiedad objetiva, mientras que la dicotomía *transparente* vs. *opaco* es el reflejo psicolingüístico de la anterior en la competencia de los hablantes. También distingue claramente la idiomaticidad de la motivación: la idiomaticidad resulta de una ecuación entre el todo y las partes; en cambio, la motivación conecta la imagen literal y el sentido figurado, ambos tomados en su totalidad. Aunque a veces existe cierta relación entre el acceso a la motivación y el acceso al sentido idiomático, son independientes entre sí (*ibid.*).

Para estudiar la motivación fraseológica, existen dos obstáculos principales. Primero, las motivaciones originales son a menudo desconocidas, discutibles o incluso fantasiosas. Segundo, debido a la separación metodológica y metalingüística entre diacronía y sincronía, algunas escuelas consideran que el estudio sincrónico de una lengua puede prescindir de la etimología. Para evitar estos dos problemas, Pamies (2014b) estudia frasemas figurados que son "recién nacidos", con origen perfectamente accesible. Algunos no tienen ninguna idiomaticidad, en cambio, otros poseen una idiomaticidad de alto grado. Se examinan detalladamente seis frasemas figurados de reciente creación (*¿Por qué no te callas?; He venido aquí a hablar de mi libro; Estar en el candelabro; El primo de Zumosol; La prueba del algodón / El algodón no engaña; El osito de Mimosín*). A través de los estudios de dichos frasemas relativamente "modernos", se atestigua que las variantes no sólo proliferan desde el comienzo, sino que pueden permitir cierto juego para la creatividad sin perjuicio en la comunicación. La motivación en metáforas de este tipo permite evaluar ese factor sin que entre en contradicción con la etimología, porque no ha dado tiempo a que ésta se olvide.

La antropología lingüística presupone que la base cultural

desempeña una función más importante que la genética en el pensamiento colectivo (Whorf 1956: 67). En este sentido, los particularismos culturales se diferencian de los universalismos psicológicos que acaparan la *Teoría cognitiva de la metáfora* (Lakoff y Johnson1980; Gibbs 2007).

2.4. Aplicación contrastiva de la archimetáfora

La teoría de la metáfora conceptual ve las conexiones entre dominios conceptuales en términos de correspondencia entre elementos de los dominios de fuente y los de meta. El dominio de fuente es el dominio conceptual desde el cual se toma la metáfora, y el dominio de meta es el dominio conceptual al que se aplica la metáfora (Lakoff & Johnson 1980).

Sin embargo, para analizar el material fraseológico real, la nomenclatura descriptiva utilizada por Lakoff y Johnson (1980) une directamente un concepto fuente a un concepto meta (p.ej., EL CUERPO ES UN RECIPIENTE, EL AMOR ES UN VIAJE, ARRIBA ES BUENO Y ABAJO ES MALO). Iñesta & Pamies (2002) creen que es una casuística poco operativa a la hora de estudiar un corpus textual amplio y detallado de manera más concreta. Algunas de esas metáforas conceptuales son demasiado generales, como "HUMAN IS ANIMAL" o "HUMAN IS AN OBJECT", porque cada una englobaría decenas de miles de metáforas fraseológicas y/o monolexicales, lo que le resta eficacia en su aplicación lexicográfica. Además, probablemente sería difícil manejar unos descriptores que parecen elegirse *ad hoc* en una lista abierta y no jerarquizada de categorías. Por ello, Pamies e Iñesta (1999) consideran necesario estructurar más detalladamente este metalenguaje, distinguiendo niveles jerárquicos y justificando la elección de los grupos de metáforas susceptibles de ser representativos de unos mecanismos productivos generalizables.

Para estos autores, un requisito esencial de una nomenclatura metalingüística para investigar la organización semántica de la producción fraseológica es que los mismos componentes "básicos" reaparezcan en el análisis de las más diversas imágenes arquetípicas. Es necesario clasificar las unidades fraseológicas a partir de las nociones expresadas (*dominio meta*) para analizar posteriormente cada categoría a partir de la imagen que la inspira (*dominio fuente*) (Pamies & Iñesta 1999, 2000). En principio, se podría jerarquizar la nomenclatura en tres niveles en vez de en dos: **modelos icónicos > archimetáforas > metáforas particulares**.

Según la terminología puesta por Lakoff & Johnson (1980), la imagen UNA DISCUSIÓN ES UNA GUERRA se considera "metáfora estructural". El problema es que la "etiqueta" GUERRA se limita a la discusión como meta y no se relaciona con otras expresiones como *atenazado por el miedo* o *pegarse un atracón*. Además, harían falta abundantes "metáforas estructurales" para clasificar un corpus fraseológico real con este tipo de nomenclatura. En cambio, con el sistema jerarquizado de tres niveles que proponen Pamies & Iñesta (1999, 2000) habría un *modelo icónico* (en este caso [CONFLICTO] potencialmente aplicable a muchos dominios meta y por tanto recurrente en muchos campos). De este modo, no hace falta establecer la diferencia entre metáfora estructural, metáfora orientacional (p.ej. ABAJO ES MALO) y metáfora ontológica (p.ej. ANIMALIZACIÓN), porque el espacio, el movimiento o el reino animal son simplemente diferentes tipos de dominio fuente. Por este motivo pueden combinarse entre sí para formar modelos icónicos, a su vez subdivisibles en *archimetáforas*, que son modelos concretos de producción metafórica para un dominio FUENTE y un dominio META: p.ej., EL MIEDO ES UNA AGRESIÓN; LA DELGADEZ ES UN MOVIMIENTO HACIA DENTRO.

Lógicamente, es deseable que tanto los modelos icónicos como las archimetáforas se repitan en el análisis de otros dominios meta y en varias lenguas, ya que es precisamente en la recurrencia interlingüística del modelo donde reside su única validez. Por eso, la clave del problema sería: ¿cómo establecer una lista de nociones para que los modelos icónicos o sus componentes no sean una simple etiqueta hecha a la medida del material analizado? Para ser rentable, la herramienta descriptiva debe satisfacer unos requisitos: a) La lista de descriptores debe ser reducida. b) Los dominios fuente deben corresponder a nociones universales o razonablemente susceptibles de serlo (p.ej. MOVIMIENTO, CUERPO, ANIMAL, etc.). c) Un mismo modelo icónico debe incluir muchas metáforas particulares, de ahí las ventajas de la jerarquización.

Existe un peligro de arbitrariedad en la elección de las archimetáforas, pero esto queda relativamente compensado por el hecho de que dicho nivel intermedio sólo cumple una función clasificatoria. De este modo, se reduce razonablemente el riesgo de circularidad que tendrían las categorías simplemente deducidas de los ejemplos.

En el artículo *Las metáforas del alcohol: contraste*

translingüístico e intercultural Pamies, Lozano y Cortina (2006) aplican la teoría de las archimetáforas al dominio meta de la embriaguez. Aunque estas metáforas son cuantiosas, las expresiones recogidas en distintas lenguas corresponden solamente a cinco modelos icónicos, y todos ellos corresponden a su vez a primitivos semánticos universales: ANIMAL, MOVIMIENTO, CUERPO, AGRESIÓN, VEGETAL, a través de los siguientes trece archimetáforas que se pueden representar de esta manera (*op.cit.*):

Metáforas de la embriaguez		
modelos icónicos	**archimetáforas**	**archimetáforas**
ANIMAL	1) BORRACHERA=ANIMAL **esp.** *pillar la mona* **fr.** *abreuver son cochon* (*abrevar su marrano)	2) BORRACHO=ANIMAL **esp.** *ponerse como un cerdo* **ing.** *drunk as a skunk* (*bebido como una mofeta)
MOVI-MIENTO	3) BORRACHERA=MOVIMIENTO LATERAL/ROTATORIO **esp.** *estar peonza* **fr.** *rond comme une bille* (*redondo como una canica)	4) BORRACHERA=MOVIMIENTO ASCENDENTE **esp.** *empinar el codo* **fr.** *ne plus toucher terre* (*ya no tocar tierra)
	5) BORRACHERA=MOVIMIENTO DESCENDENTE **esp.** *ir cayéndose de la jumera* **fr.** *router sous la table* (*rodar bajo la mesa)	6) BORRACHERA=MOVIMIENTO ENTRANTE **esp.** *ponerse hasta el culo* **ing.** *to be primed to the puzzle* (estar cebado hasta el hocico)
	7) BORRACHERA=MOVIMIENTO SALIENTE **esp.** *soplar vidrio* **fr.** *se torcer le nez* (*sonarse la nariz)	8) BORRACHERA=AUSENCIA DE MOVIMIENTO **esp.** *ir abrazando farolas* **fr.** *ramasser une malle* (*recoger un baúl)
CUERPO	9) BORRACHERA=PARTE DEL CUERPO **esp.** *tener la cabeza caliente* **fr.** *avoir un coup dans le nez* (*tener un golpe en la nariz)	
AGRESIÓN	10) BORRACHERA=AGRESOR **esp.** *ponerse morado a*	11) BORRACHO=AGRESOR **esp.** *pegarle a la botella*

	latigazos **ing.** *to be hammered to the eyeballs* (*estar martilleado hasta los globos oculares)	**ing.** *to kill the dog* (*matar al perro)
VEGETAL	12) BORRACHERA=VEGETAL **esp.** *pillar una castaña* **fr.** *avoir sa prune* (*tener su ciruela)	13) BORRACHERA=VEGETAL **esp.** *estar madurito* **ing.** *to be vegetable* (*estar hortaliza)

Cabe mencionar que estos cinco modelos icónicos también sirven para engendrar las archimetáforas de otros dominios meta: enfermedad y dolor (Pamies & Rodríguez Simón 2005), injusticia, ira, miedo, distancia, velocidad, pobreza... (Pamies & Iñesta 1999; Iñesta & Pamies 2002).

Otros aspectos quedan al margen de las archimetáforas, como las referencias culturales: alusiones a la religión, historia, literatura, topónimos, gentilicios, nombres propios, etc., que reflejan valores simbólicos previos, así como los "realia fraseológicos", cuyos referentes sólo existen para una cultura determinada, a diferencia de los modelos icónicos.

Un trabajo de Pamies y Rodríguez Simón llamado *El lenguaje de los enfermos* (2003) estudió las declaraciones de 1800 pacientes que acudieron al Servicio de Urgencias del hospital de Granada, en las cuales éstos sentían la necesidad de crear sus propias metáforas para describir sensaciones que ellos creían "nuevas" o "extrañas" para responder a la pregunta *¿qué le pasa?*. Estas son a menudo extravagantes y sólo resultan comprensibles para el médico experimentado. Se demostró sin embargo que obedecen a los mismos modelos y archimetáforas más frecuentes de la fraseología: animales, plantas, movimientos, agresión, fenómenos climáticos (EL DOLOR ES UN ANIMAL, EL DOLOR ES UN MOVIMIENTO HACIA DENTRO, EL DOLOR ES UNA AGRESIÓN, etc.).

La *metáfora conceptual* de Lakoff & Johnson (1980) es un concepto especialmente interesante a la hora de analizar y clasificar las metáforas somáticas. Los somatismos representan la mayor subclase de las unidades fraseológicas, e incluso han sido objeto de trabajos especializados, como el diccionario de María Sánchez Puig sobre el ruso, titulado *500 modismos rusos relativos al cuerpo humano* (1994); el libro de Inés Olza sobre el español llamado *Corporalidad y lenguaje. La fraseología somática metalingüística del español* (2011), el libro de Carmen

Mellado sobre el alemán denominado *Fraseologismos somáticos del alemán: un estudio léxico-semántico* (2004), o la tesis de Mohammad S. Rayyan sobre el árabe (2014). Este último realizó un análisis contrastivo de fraseologismos entre árabe y español, basados en partes del cuerpo, como señalan los siguientes ejemplos que expresan "sentir miedo" mediante movimientos corporales, y que siguen, en este sentido, el mismo modelo que los antes señalados por Iñesta &Pamies (2002).

La metáfora es un uso figurado que entra en la lengua pero nace en el discurso, por lo que algunas de sus características afectan a ambas cosas. En su artículo *Metaphor, culture and conceptual systems: A case study of sex metaphors in a Hong Kong Chinese newspaper* (2009), Tsang Ching-yee examina el uso de metáforas sexuales en las páginas para adultos del periódico de Hongkong llamado *Oriental Daily*, y ha identificado varias metáforas utilizadas en cantonés para referirse al sexo. Entre ellas destacan los modelos EL SEXO ES UNA GUERRA, y EL SEXO ES COMER. Por ejemplo, la idea de "tener relaciones sexuales" suele expresarse aplicando el dominio fuente GUERRA, p.ej., **(cnt.)** *hōi jin* 開戰 (*comenzar guerra "hacer el amor") y **(cnt.)** *yuhk bok* 肉搏 (*carne pelea "hacer el amor"). Asimismo, varias etapas en el proceso de relaciones sexuales también se consideran como batallas en cantonés, por ejemplo, **(cnt.)** *sit jin* 舌戰 (*lengua pelea "besarse"). Basándose en la idea de que la metáfora es un tipo de "transporte", estas expresiones han sido "transportadas" (Thornborrow & Wareing, 1998, *apud*. Tsang Ching-yee 2009: 7) al contexto de las relaciones sexuales. Por consiguiente, la selección de estas expresiones implica una conceptualización semántica donde las relaciones sexuales son una guerra (Tsang Ching-yee 2009: 7-8).

Otro ejemplo sería EL SEXO ES COMER: buscar a la pareja sexual es equivalente a buscar comida, siendo la pareja sexual pasiva el alimento, como refleja la expresión: **(cnt.)** *wán sihk* 搵食 (*buscar comida "buscar pareja sexual"). Alguien con una aventura amorosa o con una relación sexual con otros de forma indebida y secreta se describe como "comer en secreto": **(cnt.)** *tōu shí* 偷食 (*secretamente comer) (Tsang Ching-yee 2009: 10-11). Además, el cantonés utiliza expresiones metafóricas con el dominio meta COMIDA para representar la anatomía *sexual* de los seres humanos. Por ejemplo, los pezones de las mujeres se describen como (**cnt.**) *tàih jí* (提子"uva"), los pechos de las mujeres como (**cnt.**) *but jái gōu* (砵仔糕"pudín de tapioca") o (**cnt.**) *muhk gwā* (木瓜 "papaya") según sus tamaños. El aparato genital femenino se describe como (**cnt.**) *bāau yùh* (鮑魚 "oreja de mar"), en cambio, el pene como (**cnt.**) *jiū* (蕉 "plátano") o (**cnt.**) *cheùhng jái* (腸仔 "salchicha"), etc. Estos tipos de metáfora con imagen de alimentos se emplean muy a menudo en un contexto de relaciones sexuales en chino (Tsang Ching-yee 2009:12).

Ambas *metáforas* están culturalmente relacionadas con el deseo de dominación masculina en una sociedad patriarcal como es la de China, y los receptores de esas metáforas suelen estructurar, entender, comportarse, y hablar sobre el dominio meta de acuerdo con el dominio origen (Tsang Ching-yee 2009: 14-15).

En esta misma línea, aplicando al chino mandarín la misma teoría (Lakoff & Johnson 1980), Du Pengju (2015) examina cómo se constituyen las metáforas de emoción en el discurso, concretamente en la novela *Wei Cheng*围城 "fortaleza sitiada", de Qian Zhongshu. Se centra en las emociones de la felicidad (喜), la ira (怒), la tristeza (悲), y el amor (爱), y Du Pengju afirma que en la teoría de Lakoff & Johnson se encuentran los mismos modelos que en la fraseología china, aunque las expresiones sean otras.

EL AMOR ES COMIDA. (Du Pengju 2015)
  - ... *chán zuǐ shì de wěn tā.*
  ...馋嘴似地吻她。
  *... comilón como PART. besar ella.
  "... y la besó con avidez."

EL AMOR ES UNA ENFERMEDAD. (*ibid.*)
  - ... *tóng bìng xiāng lián...*
  ...同病相怜...
  *...mismo enfermedad mutuamente compadecer...
  "...somos compañeros de sufrimiento que tenemos simpatía mutua..."

AMOR ES BEBER VINAGRE. (*ibid.*)
  - *chī cù* 吃醋*comer vinagre "sentir celos por amor".

LA TRISTEZA ES OSCURA. (*ibid.*)
- *yīn yù chén sù de biǎo qíng*
阴郁沉肃的表情
*nublado serio DE expresión
"expresión de dolor y la tristeza"

LA IRA ES ROJA. (*ibid.*)
- *xiū fèn dé liǎn hóng*
羞愤得脸红
*vergüenza ira PART. cara rojo
"el rostro se puso rojo de vergüenza y de ira"

LA IRA ES MOVIMIENTO HACIA ARRIBA. (*ibid.*)
- *qì tóu shàng*
气头上
*ira cabeza arriba
"en un arranque de cólera"

EL ESTÓMAGO ES EL CONTENEDOR DE LA IRA. (*ibid.*)
- *yī dù zi de yuàn qì*
一肚子的怨气
*uno barriga DE queja aire
"la ira reprimida"

LA FELICIDAD ES DULCE. (*ibid.*)
- *wēn róu yī xiào dào*
温柔一笑道
*dulce uno sonreír decir
"dijo con una sonrisa"

Otros dominios fuente muy productivos en chino, al igual que en otras muchas lenguas son el mundo animal, el vegetal, la climatología, los colores, etc. Ding Ersu (2009) observa que, llamativamente, ciertas metáforas del chino y del inglés tienen mucho en común si se observan bajo este enfoque:

- **ing.** *to know something or somebody as a person knows his ten fingers /the palm of his hand*
"conocer algo o a alguien tanto como sus diez dedos / la palma de su mano"
chn. *liǎo rú zhǐ zhǎng*

了如指掌 *conocer como dedo palma
"conocer algo o a alguien tanto como sus diez dedos / la palma de su mano"

- **ing.** *applause like thunder*
  "los aplausos suenan como si fueran los truenos"
- **chn.** *zhǎng shēng rú léi*
  掌声如雷
  *palma sonido como trueno
  "los aplausos suenan como si fueran truenos"

- **ing.** *numberless as the sand*
  "tan innumerables como la arena"
- **chn.** *duō rú shā zi*
  多如沙子
  *mucho como arena
  "tan innumerables como la arena"

- **ing.** *as light as a feather*
  "tan ligero como una pluma"
- **chn.** *qīng rú hóng máo*
  轻如鸿毛
  *ligero como + ánsar cisne+ pluma
  "tan ligero como una pluma de ánsar cisne"

- **ing.** *as black as a raven*
  "tan negro como un cuervo"
- **chn.** *xiàng wū yā yī bān hēi*
  像乌鸦一般黑
  *como cuervo igual negro
  "tan negro como un cuervo"

- **ing.** *as busy as a bee*
  "tan ocupado como una abeja"
- **chn.** *xiàng mì fēng yī yàng máng lù*
  像蜜蜂一样忙碌
  *como abeja igual ocupado
  "tan ocupado como una abeja"

- **ing.** *as hungry as a wolf*
  "tan hambriento como un lobo"

chn. *è láng bān de*
恶狼般的
*hambriento lobo igual partícula
"ser tan hambriento como un lobo"

- **ing.** *as fast as lightning*
"tan rápido como un rayo"
chn. *jí rú shǎn diàn*
疾如闪电
*rápido como rayo
"tan rápido como un rayo"

-**ing.** *as sharp as a winter's morning*
"tan helado como la madrugada del invierno"
chn. *xiàng dōng tiān yī yàng yán hán cì gǔ*
像冬天一样严寒刺骨
*como invierno igual frío calar hueso
"tan helado como el invierno"

En el trabajo de Penas & Xiao se realiza un análisis contrastivo de los mecanismos semánticos metafóricos que funcionan en las unidades fraseológicas del chino y del español, con objeto de comprobar la existencia de mecanismos compartidos y sistemáticos en la creación fraseológica y de las metáforas (Penas & Xiao 2013-2014:209).

Aprovechando un corpus onomasiológico de unas 600 unidades fraseológicas representativas de las dos lenguas, este estudio aplica la herramienta metalingüística de análisis propuesta por Pamies & Iñesta (2002: 88-89), la teoría de los *modelos icónicos* y *archimetáforas*, inspirada a su vez en las metáforas conceptuales de Lakoff & Johnson (1980) y los *universal semantic primes* de Wierzbicka (1996). De este modo, se clasifican las unidades fraseológicas a partir de las nociones expresadas (dominio meta) para clasificar posteriormente cada una de esas categorías según la imagen subyacente que las motiva (*modelo icónico*) (Penas & Xiao 2013-2014:209). Se centra especialmente en los tres dominios meta: el del "MIEDO", el del "HAMBRE" y el de "COMER MUCHO", con ejemplos de metáforas particulares tanto del español como del chino. Las categorías mediante las cuales se conforman los modelos icónicos están basadas en unas nociones fuente muy recurrentes combinadas entre sí: CUERPO, ESPACIO, MOVIMIENTO, COLOR,

TEMPERATURA, CONFLICTO, POSESIÓN, DESEO, ANIMAL (*ibid*: 212).

Su hipótesis es que las lenguas aprovechan más ciertas nociones, de lo que se podrían deducir indicios de economía y sistematicidad subyacentes. A pesar de que las mismas metáforas no existen en todas las lenguas, sí existen modelos metafóricos generales que corresponden a la experiencia humana universal (*ibid*: 211-212).

a) Campo nocional del "MIEDO"

Campo nocional de "MIEDO"			
Modelo icónico	archimetáfora	español (Pamies & Iñesta 2002)	Chino (Penas & Xiao: 212-219)
CUERPO + MOVIMIENTO	1. El miedo es un movimiento corporal hacia abajo	-*bajársele la sangre a los talones (a alguien)*	心揪紧了: "encogerse el corazón"
	2. El miedo es un movimiento corporal hacia arriba	-*ponérsele los pelos de punta (a alguien)*	心跳到了嗓子眼: "saltar el corazón hasta la garganta"
	3. El miedo es un movimiento corporal hacia dentro	-*darle miedo/pánico a uno*	恐惧涌上心头: "entrar a mares el miedo en el corazón"
	4. El miedo es un movimiento corporal hacia fuera	-*apretar el culo;* -*cagarse de miedo;* -*ciscarse de miedo*	心到了嗓子眼: "tener el corazón en la garganta"
	5. El miedo es un movimiento corporal vibratorio	-*dar diente con diente;* -*estar hecho/como un flan*	吓得牙齿打颤: "castañetearle los dientes (a alguien) / dar diente con diente"
	6. El miedo es imposibilidad del movimiento corporal	-*estar con el corazón en un puño*	吓得心停止了跳动: "quedársele parado el corazón (a alguien)"

CUERPO + TEMPERATURA	1. El miedo es enfriamiento o calentamiento corporal	-dejar helado (a alguien)	吓得手脚冰凉: "enfriársele las manos y los pies (a alguien)"
	2. El miedo es unión de calor y frío corporal	-sentir sudores fríos; sudar de miedo	吓得直冒冷汗: "brotarle sudor frío a alguien"
CUERPO + COLOR	El miedo es un cambio de color	-ponerse amarillo; ponerse pálido; - ponerse blanco como la cera	面若死灰: "estar la cara gris como el polvo" 面如纸白: "ponerse blanco como el papel"
ANIMAL	1. El hombre asustado es un animal	-achantar el rabo; -erizársele el cabello (a alguien)	抱头鼠窜: "escaparse como ratón abrazando la cabeza"
	2. El miedo posee al hombre	-caer presa del pánico	被恐惧攫住: "ser agarrado por el pánico"
CONFLICTO O GUERRA	1. El miedo ataca al hombre	-estar atenazado por el miedo	恐惧把心揪紧了: "el miedo apretó el corazón"
	2. El miedo mata al hombre	-estar muerto de miedo; -morirse de miedo	被吓死: "ser espantado hasta la muerte"
	3.El miedo es un paso intermedio entre la vida y la muerte	-estar medio muerto (de miedo)	吓得半死: "ser espantado hasta estar medio muerto"

b) Campo nocional del "HAMBRE"

Campo nocional de "HAMBRE"			
Modelo icónico	archimetáfora	español (Pamies & Iñesta 2002)	chino (Penas & Xiao: 220-223)
CUERPO+	1. El hambre es un movimiento corporal	-entrarle hambre (a alguien)	肚子饿扁了: "tirar la barriga"

MOVI-MIENTO	2. El hambre es un sonido corporal	-sonarle las tripas (a alguien); -ladrar el estómago	肚子饿得咕咕叫: "sonar las tripas a Gluglú de hambre
CUERPO + COLOR	La persona hambrienta cambia de color	-tener el rostro pálido de hambre	饿得脸色蜡黄: "de hambre tener el rostro pálido como la cera"
CONFLICTO	1. El hambre tortura al hombre	-estar desmayado; -sufrir hambre	饿得眼冒金星: "ver estrellas de hambre"
	2. El hambre mata al hombre	-estar muerto de hambre	饿死了: "morir de hambre"
ANIMAL	1. La persona hambrienta es un animal	-ladrarle el estómago (a alguien)	饿狼般: "estar hambriento como un lobo"
POSESIÓN	El hombre posee el hambre	-tener hambre; -tener gazuza	
OBJETO	1. La persona hambrienta come cualquier cosa	-comerse los codos; -estar tan hambriento que se come uno hasta las piedras	饿得能吞下一头象: "estar tan hambriento que uno sería capaz de tragar un elefante"

c) Campo nocional del "COMER MUCHO"

Campo nocional de "COMER MUCHO"			
Modelo icónico	archimetáfora	español (Pamies & Iñesta 2002)	chino (Penas & Xiao: 220-226)
CANTIDAD	1)Un individuo que come mucho es como un grupo	-comer más que un regimiento	

CUERPO + MOVIMIENTO	1)Comer es un movimiento corporal	-*comer a dos carrillos;* -*comer a cuatro carrillos*	嘴动个不停: "no dejar de mover la boca"
	2)Comer mucho es llenar el cuerpo	-*darse una panzada;* -*darse un hartazgo*	从胃撑到嗓子眼: "llenarse desde el estómago hasta la glotis"
OBJETO	La persona que come mucho es como un objeto	-*comer más que una lima;* -*comer más que un sabañón*	饭桶: "ser un cubo de comida"
ANIMAL	1)El que come mucho es un animal	-*comer como un lobo;* -*comer como una fiera*	狼吞虎咽: "devorar como un lobo y tigre"
	2)Comer mucho es llenar el cuerpo de un animal	-*llenarse el buche*	填饱食袋: "llenarse el buche"
CONFLICTO	Comer mucho es una autoagresión	-*darse un atracón;* -*pegarse un atracón*	撑破肚皮: "llenarse hasta que reviente la panza"

Posteriormente, fue defendida en la Universidad Autónoma de Madrid, la tesis de Xiao Yanhong, dirigida por María Azucena Penas Ibáñez, titulada *Estudio semántico contrastivo de la metáfora en la fraseología del chino y del español*, (2016). Dicho estudio, del que se extrajo el artículo antes mencionado, se basa en la semántica cognitiva, sobre todo en dos aspectos: la teoría cognitiva de la metáfora, y el carácter corpóreo del lenguaje humano. Se explican respectivamente las características lingüísticas de las unidades fraseológicas en español y en chino. Se describen ciertos aspectos del papel que juega la metáfora en la creación de los fraseologismos y de ahí se plantea una clasificación común para las unidades fraseológicas en ambas lenguas, estableciendo ciertos criterios generales que se podrían aplicar a la fraseología y revelando tanto convergencias como divergencias de estas unidades en determinados grupos semánticos.

Además, partiendo del modelo metafórico con el mencionado sistema jerarquizado de tres niveles (Pamies & Iñesta 1999, 2000), se realiza un análisis contrastivo de unidades fraseológicas metafóricas españolas y chinas. Se centra detalladamente en una serie de campos nocionales, como MIEDO, HAMBRE, COMER MUCHO, POBREZA, DELGADEZ, TRABAJO, RAPIDEZ, INJUSTICIA, IRA, LEJANÍA, RIQUEZA, ALEGRÍA [106], utilizando principalmente estos conceptos para formar los *modelos icónicos*: [CUERPO], [TEMPERATURA], [CONFLICTO], [ANIMAL], [POSESIÓN], [CANTIDAD], [COLOR], [TEMPERATURA], [ESPACIO], [OBJETO], [LOCALIZACIÓN]. Es una tesis pionera en aplicar esta teoría al chino, y confirma dichos modelos metafóricos de esta lengua, dando inspiración a futuros estudios de fraseología contrastiva. Aunque no coincidan las "metáforas particulares", los mismos "modelos icónicos" y "archimetáforas" son productivos también en chino porque proyectan las mismas fuentes en las mismas metas. Además, los resultados del análisis ofrecen argumentos que contrarrestan y limitan ciertos tópicos acerca de la "intraducibilidad de los modismos".

En un trabajo reciente de Lei Chunyi & Pamies sobre la LUZ ([en prensa]) podemos observar que la metáfora conceptual que Lakoff & Johnson llaman VER es COMPRENDER (*seeing is understanding*) permite conceptualizar en ambas lenguas el conocimiento y, por extensión, la inteligencia, en términos del contraste físico entre LUZ y OSCURIDAD. La archimetáfora LUZ ES CONOCIMIENTO y su contrapartida simétrica OSCURIDAD ES IGNORANCIA tienen una motivación biológica y propioceptiva lo suficientemente objetiva como para ser universales. Por este motivo, no sorprende que las mismas archimetáforas se encuentren en español y en chino, aunque las *metáforas particulares* que derivan de éstas no sean exactamente las mismas.

En español, *clarividente* designa a los que comprenden bien las cosas con rapidez, y se llama *tenerlo claro* a la buena comprensión, **hacerse la luz** significa "comenzar a existir claridad [en el entendimiento]", ***a todas luces*** significa "de manera evidente", **encendérsele** [a alguien] ***una luz*** "ocurrirse una idea" (DFDEC 2009) **rayar la luz de la razón** "empezar a

---

[106] Los mismos que habían usado Pamies & Iñesta (2000) para otras lenguas.

abrirse el entendimiento al conocimiento de las cosas" (DRAE 2011-2016), etc. En cambio, la oscuridad simboliza la confusión: ***a oscuras*** "en completa ignorancia o sin enterarse de nada" (DFDEC 2011-2016) / "sin conocimiento de algo, sin comprender lo que se oye o se lee" (DRAE 2011-2016, acep.3); ***a ciegas*** "Sin conocimiento, sin reflexión" (DRAE 2011-2016, acep.2); ***caérsele a alguien la venda de los ojos*** "desengañarse, salir del estado de ofuscación en que se hallaba" (DRAE 2011-2016); ***tener alguien una venda en los ojos*** "Desconocer la verdad por ofuscación del entendimiento" (DRAE 2011-2016); ***poner a alguien una venda en los ojos*** "influir en su ánimo para que viva engañado" (DRAE 2011-2016).

En chino, hay expresiones que, aunque no sean equivalentes traductológicos de estas locuciones, se basan en la misma archimetáfora. P.ej.,

- *Jiān tīng zé míng, piān xìn zé àn*
兼听则明，偏信则暗
*simultáneamente escuchar entonces claro, parcial creer entonces oscuro
(al escuchar simultáneamente se queda claro, al escuchar parcialmente se queda oscuro)
"si escuchas a ambas partes, comprenderás todo, si escuchas a una sola de las partes, no comprenderás nada" (Sun Yizhen 1999: 7)

- *lì lìng zhì hūn*
利令智昏
*beneficio hacer inteligencia oscuro
"ser incapaz de juzgar y pensar con normalidad por la ambición y la codicia" (*op cit.*: 512)

- *bù míng zhēn xiàng*
不明真相
*no claro verdadero aspecto
"ser ignorante de la situación real; no conocer la verdad" (*op cit.*: 577).

Por extensión, la claridad simboliza también la INTELIGENCIA en chino:
- *Míng rén bù bì xì shuō*
明人不必细说
*claro persona no necesario detalladamente decir

"a las personas inteligentes no hace falta explicarles mucho, con pocas palabras ya entienden"
cf. **esp.** *Al buen entendedor, pocas palabras bastan*) (*ibid.*)

-*míng zhì* 明智*claro sabio "juicioso; sensato; razonable; prudente" (*op.cit.*: 579).

Por consiguiente, la oscuridad representa estupidez. Abundan las UFs con dicha metáfora:
- *hūn yōng* 昏庸*oscuro mediocre "estúpido; fatuo" (*op. cit.*:372)
- *máng mù* 盲目 *ciego ojo "ingenuamente; sin planificación" (*op. cit.*:558)
- *máng cóng* 盲从 *ciego obedecer "obedecer irreflexivamente" (*ibid.*), *cf.* **esp.** *obedecer ciegamente*
- *máng hūn* 盲婚 *ciego matrimonio "un matrimonio entre una pareja que se ha casado sin conocerse y por decisión de sus padres o del casamentero" (*Zai xian han yu zi dian*), *cf.* **esp.** *cita a ciegas*
- *máng míng* 盲明 *ciego claridad "o es estúpido o es inteligente" (*ibid.*)

En español, similarmente, también existen UFs figuradas que derivan de esta archimetáfora (Lei Chunyi & Pamies [en prensa]):
-*lumbrera* "persona que brilla por su inteligencia y conocimientos excepcionales" (DRAE 2011-2016, acep.3)
-*hombre de pocas luces* "eufemismo para designar a un estúpido".

Sin embargo, las archi-metáforas de base experiencial como las que relacionan la luz con la vista y la vista con la comprensión, se mezclan e interactúan con culturemas de base religiosa, como es la asociación entre luz y revelación en español (véase Lei Chunyi & Pamies 2015).

Bibliografía

ALONSO RAMOS, M. (2004). "Las construcciones con verbo de apoyo". Madrid: Visor Libros.

AN, Liqin [安丽琴] (dir.) (2006). *Han yu xie hou yu ci dian 汉语歇后语词典* "Diccionario de dichos pareados chinos". Beijing: Shang wu yin shu guan guo ji you xian gong si. 北京: 商务印书馆国际有限公司.

ARISTÓTELES (2000 [1457]). *Poética*. Traducción, introducción y notas de Salvador Mas Torres. Madrid: Biblioteca Nueva, D.L.

BAKER, M. (1992). *In Other Words: A Coursebook on Translation*. London & New York, Routledge.

BELOGLAZOVA, E. V. & BARTASHOVA, O. A. (2012). "'Blind Idiot' Translation or Beware of Idioms", *Journal of Siberian Federal University. Humanities & Social Sciences*, N° 6, pp. 780-786.

BI, Xuli [毕绪利] (dir.) (2015). *Han yu cheng yu ji jin 汉语成语集锦* ["Colección de los mejores *chengyu* chinos"]. Wuhan: shi jie tu shu chu ban she. 武汉: 崇文书局.

BLACK, M. (1962). *Models and Metaphors: Studies in Language and Philosophy*. Ithaca, NY: Cornell University Press.

BRADEANU, L. (2011). *Translating Culture-Bound Lexical Units: "a Tough Row to Hoe"*, Bradeanu Studii de Gramatica Contrastiva, N° 15, pp. 71-80.

BURGER, H. (2007). "Semantic aspects of phrasemes". In: Burger, H. / Dobrovol'skij, D. / Kühn, P. / Norrick, N.R. *Phraseologie / Phraseology: Ein internationales Handbuch zeitgenössischer Forschung / An International Handbook of Contemporary Research*. Berlin: Mouton DeGruyter: vol. 1. pp: 90-110.

CASARES, J. (1950). *Introducción a la lexicografía moderna*. Madrid: Consejo Superior de Investigaciones Científicas [reed. 1992].

CHEN, Guohong [陈国弘] (dir.) (1988). *Chengyu yu yuan dian gu ci dian 成语语源典故词典* ["Diccionario de etimología y anécdotas sobre los *Chengyu*"]. Changsha: Yue lu shu she. 长沙: 岳麓书社.

CHEN, Guojian [陈国坚] (dir.) (1993). *Xi ban ya yu cheng yu ci dian* 西班牙语成语词典 ["Diccionario de unidades fraseológicas de la lengua española"]. Beijing: Shang wu yin shu guan. 北京：商务印书馆.

CHEN, Zhi (2007). *Las connotaciones culturales en la traducción de las expresiones idiomáticas entre el español y el chino*. Almería: Arráez Editores, S.L.

CHENG YU DIAN (2010). *Cheng yu dian* 成语典 ["Diccionario [online] de *chengyu*"]. Zhong hua min guo jiao yu bu 中華民國教育部 (http://dict.idioms.moe.edu.tw/cydic/index.htm).

COBO, J. (1595). *Espejo rico del claro corazón / Beng sim po cam*. Madrid: Biblioteca nacional de España, (no. 6040). 西班牙马德里国立图书馆 (编号 6040).

CORPAS PASTOR, G. (1996). *Manual de fraseología española*. Madrid: Gredos.

CORPAS PASTOR, G. (2003 [1997]). "Grados de equivalencia translémica de las locuciones en inglés y español". Reed. In: Corpas Pastor G. (ed.), *Diez años de investigación en fraseología: Análisis sintáctico-semánticos, contrastivos y traductológicos*, Frankfurt: Vervuert, Madrid: Ibero-Americana, pp: 205-211.

CORPAS PASTOR, G. (2003 [2000]). "Acerca de la (in)traducibilidad de la fraseología". Reed. In: Corpas Pastor G. (ed.), *Diez años de investigación en fraseología: Análisis sintáctico-semánticos, contrastivos y traductológicos*, Frankfurt: Vervuert, Madrid: Ibero-Americana, pp: 276-310.

CORPAS PASTOR, G. (2003 [2001]). "La traducción de la fraseología: técnicas y estrategias". Reed. In: Corpas Pastor G. (ed.), *Diez años de investigación en fraseología: Análisis sintáctico-semánticos, contrastivos y traductológicos*, Frankfurt: Vervuert, Madrid: Ibero-Americana, pp: 213-223.

CORREAS, G. (1627). *Vocabulario de refranes y frases proverbiales* Barcelona: Editorial Castalia.

DING, Ersu (2009). "Metaphor and Culture". *Asian Social Science*. vol.5, Nº 1, pp. 47-69.

[**DRAE**] REAL ACADEMIA ESPAÑOLA (2011-2016) *Diccionario de la Real Academia Española* (disponible online en: www.rae.es).

[**DRAE**] REAL ACADEMIA ESPAÑOLA 1950 [1927]. *Diccionario Manual e Ilustrado de la Lengua Española*. Madrid: Espasa-Calpe.

DOOLITTLE. J. (1872). *Vocabulary and hand-book of the Chinese language: Romanized in the Mandarin dialect*, Vol. 2. Foochow: Rozario, Marcal and company.

DU, Pengju (2015). "Conceptualizing Emotions through Metaphors in Fortress Besieged", *International Journal of English Linguistics*, Vol.15, N° 1, pp. 53-72.

DUO GONG NENG CHENG YU DA CI DIAN (2011). *Duo Gong Neng Cheng Yu Da Ci Dian* 多功能成语大词典 ["Gran diccionario de múltiples usos de *chengyu*"]. Beijing: Wai wen chu ban she. 北京: 外文出版社.

FANG, Shenghui [方绳辉] (1943). "Cheng yu yu Cheng yu de yun yong" 成语与成语的运用 ["*Chengyu* y su aplicación"]. *Guo wen za zhi* 国文杂志 ["Revista de cultura nacional"], N° 2, p 3.

FANG, Ying [方瑛] (dir.) (1995). *Jian ming han xi cheng yu ci dian* 简明汉西成语词典 ["Breve diccionario de modismos Chino-Español"]. Beijing: Shang wu yin shu guan. 北京：商务印书馆.

FAZLY, A., COOK, P. & STEVENSON, S. (2009). "Unsupervised type and token identification of idiomatic expressions". *Computational Linguistics*. Vol.35. N° 1, pp. 61-103.

FU, Huaiqing [符淮青] (1996). *Han yu ci hui xue shi* 汉语词汇学史 ["Historia de la lexicología del chino"]. Hefei: An hui jiao yu chu ban she. 合肥: 安徽教育出版社.

GAO, Mingkai & WANG, Anshi [高明凯 & 王安石] (dirs.) (1962). *Yu yan xue gai lun* 语言学概论 ["Introducción a la lingüística"]. Taibei: Zhong hua shu ju. 台北：中华书局.

GARCÍA-PAGE, M. (2002). "Somatismos de idiomaticidad fuerte", *Cahiers du P.R.O.H.E.M.I.O.*, vol. 4, pp. 45-65.

GARCÍA-PAGE, M. (2008). *Introducción a la fraseología española: estudio de las locuciones*. Barcelona: Anthropos.

GENG, Zhanchun [耿占春] (1993). *Yin yu* 隐喻 ["Metáfora"]. Beijing: Dong fang chu ban she. 北京:东方出版社

GIANNINOTTO, M. (2011). "Les *chengyu* chinois et les premiers exemples de parémiographie bilingue". In: PAMIES BERTRÁN, A. & Luque Durán, J. d. D. & FERNÁNDEZ MARTÍN, P. (eds.), *Paremiología y herencia cultural.* (Serie Granada Lingvistica). Granada: Educatori.

GIANNINOTTO, M. (2013). "Chinese and Western works on Chinese Phraseology: a Historical Perspective". In: Szerszunowicz, J. (éd.), *Research on Phraseology Across Continents.* University of Bialystok publishing house, vol. 2, pp. 155-166.

GIBBS, G. R. (2007). *Analyzing qualitative data.* London: Sage Publications.

GIBBS, R., & STEEN, G. (eds.) (1999). *Metaphor in cognitive linguistics.* Amsterdam: Benjamins.

GIRY-SCHNEIDER, J. (1987). *Les prédicats nominaux en français. Les phrases simples à verbe support.* Ginebra-París: Droz.

GONZÁLEZ REY, M.I. (1998). "Estudio de idiomaticidad en las unidades fraseológicas". In: Wotjak, G. (ed.) *Estudios de fraseología y fraseografía del español actual.* Frankfurt: Peter Lang: págs. 57-74.

HENRY, K. (2016). "Les chengyu du chinois: caractérisation de phrasèmes hors norme". Yearbook of Phraseology, N° 7, pp.99-126.

HOROZCO, S. de (1986). *Teatro Universal de proverbios.* Edición, prólogo, índices, glosario, de José Luis Alonso Hernández. Acta Salmanticensia, Salamanca.

HU, Yushu [胡裕树] (1985). *Xian dai han yu 现代汉语* ["Lengua china moderna"]. Shanghai: Shanghai jiao yu chu ban she. 上海: 上海教育出版社.

HU, Zhuanglin [胡壮林] (2004). *Ren zhi yin yu xue 认知隐语学* ["La metáfora y la cognición"]. Beijing: Beijing da xue chu ban she 北京大学出版社.

HUANG, Borong & LIAO, Xudong [黄伯荣 & 廖序东] (1981). *Xian dai han yu 现代汉语* ("Chino moderno"). Lanzhou: Gansu ren min chu ban she. 兰州: 甘肃人民出版社.

HUANG, Chenglan [黄成兰] (dir.) (2014). *Han Yu Cheng Yu Ci Dian 汉语成语词典* ["Diccionario chino de frases hechas"]. Chengdu: Sichuan ci shu bu ban she. 成都:四川辞书出版社.

IÑESTA, E. M. (1999). *Las unidades fraseológicas: aspectos léxicos, tipológicos y cognitivos*. (Tesis doctoral inédita). Universidad de Granada.

IÑESTA, E. M. & PAMIES, A. (2002). *Fraseología y metáfora: aspectos tipológicos y cognitivos*. Granada: Método Ediciones.

IRIBARREN, J. M. (1956). *El porqué de los dichos: sentido, origen y anécdota de los dichos, modismos y frases proverbiales de España*. Madrid: Aguilar.

JIA, Yongsheng (2013). *Diccionario fraseológico-cultural de la lengua china*. Granada: Granada Lingvistica.

JIAN MING XI HAN CI DIAN (1981). *Jian ming xi han ci dian* 简明西汉词典 ["Breve diccionario español-chino"]. Shanghai: Shang hai yi wen chu ban she. 上海: 上海译文出版社.

JIAO, Liwei (2016). "Chinese Idiomas". In: Chan, Sinwai et al. (eds.), *The Routledge Encyclopedia of the Chinese Language*. London/New York: Routledge: pp. 64-89.

LAKOFF, G. (1987). *Women, Fire, and Dangerous Things: What Categories Reveal about the Mind*. Chicago: The University of Chicago Press.

LAKOFF, G. (1993). "The contemporary theory of metaphor". In Ortony, A. (ed.), *Metaphor and Thought*. Cambridge: Cambridge University Press, pp. 202-251.

LAKOFF, G., & Johnson, M. (2003 [1980]). *Metaphors We Live By*. London: The University of Chicago Press.

LAN, Chun [蓝纯] (1999). "Cong ren zhi jiao du kan han yu de kong jian yin yu ren zhi yu yan xue yu yin yu yan jiu" 从认知角度看汉语的空间隐喻认知语言学与隐语研究 ["Una aproximación cognitiva a la metáfora espacial en Chino"]. *Wai yu jiao xue yu yan jiu chu ban she* 外语教学与研究, N° 4, pp.7-15.

LAN, Chun [蓝纯] (2005). *Ren zhi yu yan xue yu yin yu yan jiu* 认知语言学与隐语研究 ["Lingüística cognitiva y metáfora"]. Beijing: *Wai yu jiao xue yu yan jiu chu ban she* 外语教学与研究出版社.

LAN, Feifei [兰飞飞] (2013). *Yīng hàn xí yǔ duì bǐ yán jiū* 英汉习语对比研究 ["Un estudio contrastivo de la fraseología entre los modismos en inglés y en chino"]. Trabajo de fin de máster. Universidad de Shandong 山东大学.

LE GUERN, M. (1973). *Sémantique de la métaphore et de la métonymie*. Paris: Larousse.

LEI, Chunyi & Pamies A. (2015). "Metáforas de la luz en chino y en español", comunicación al *I CONGRESO INTERNACIONAL "LA MAGIA DE LA LUZ"*, Universidad de Granada de 14 a 16 diciembre 2015.

LI, Xu [李旭] (2011). *'Tong su bian' shu yu yan jiu*《通俗编》熟语研究 ["Estudio de la fraseología sobre la obra 'Compilación de dichos populares'] (tesis doctoral). Hu he hao te: Unviersidad de Mongolia Interior. 呼和浩特: 内蒙古大学.

LIN, Shuwu [林书武] (1994). "Yin yu: qi ren zhi li ji yu yan jie gou ping jie"《隐语:其认知力及语言结构》评介 ["Reseña de *Metaphor: Its Cognitive Force and Linguistic Structures*"]. *Wai yu jiao xue yu yan jiu* 外语教学与研究, Nº 4, pp. 43-48.

LIN, Shuwu [林书武] (1995). "Yin yu yu ren zhi ping jie"《隐喻与认知》评介 ["Reseña de *Metaphor and Cognition*"]. *Wai yu jiao xue yu yan jiu* 外语教学与研究, Nº 1: pp.11-19.

LIN, Shuwu [林书武] (1997). "Guo wai yin yu yan jiu zong guan" 国外隐喻研究综观 ["Reseña de *Foreign literature study of metaphor*"]. *Wai yu jiao xue yu yan jiu* 外语教学与研究, Nº 1, pp. 11-19.

LIN, Shuwu [林书武] (2002). "Yin yu yan jiu de ji ben xian zhuang" 隐喻研究的基本现状 ["*Status quo, el enfoque y la tendencia de estudio de la metáfora*"]. *Wai guo yu* 外国语, Nº 1, pp. 38-45.

LIU, Shuxin [刘叔新] (1984). *Ci hui xue he ci hui xue wen ti yan jiu* 词汇学和词典学问题研究 ["Estudio sobre la lexicología y la lexicografía"]. Tianjin: Tianjin ren min chu ban she. 天津: 天津人民出版社.

LIU, Jiexiu [刘洁修] (dir.) (1989). *Han yu Cheng yu kao shi ci dian* 汉语成语考释词典 ["Verificación y explicación de los *Chengyu* chinos"]. Beijing: Shang wu yin shu guan. 北京: 商务印书馆.

LIU, Jiexiu [刘洁修] (dir.) (2009). *Han yu cheng yu yuan liu da ci dian 汉语成语源流大辞典* ["Gran diccionario etimológico de *chengyu*"]. Beijng: Kai ming chu ban she. 北京:开明出版社出版.

LIU, Limei (2005). *Espejo rico del claro corazón. Traducción y Transcripción del texto chino por Fray Juan Cobo.* Madrid: Letrúmero S. L. Ediciones.

LÓPEZ DE MENDOZA, I. (1995 [1541]). *Los Refranes que dizen las viejas tras el fuego.* Valladolid: Francisco Fernández de Córdoba (reed. 1995: Erfurt: Kurt Schimmer).

LU, Erkui [陆尔奎] (dir.) (1915). C*i yuan 辞源* ["Fuente de palabras"]. Beijing: Shang wu yin shu guan. 北京: 商务印书馆.

LU, Runxiang [卢润祥] (1990). "Wo guo su yu yan jiu de xin gong xian — 'Zhong guo su yu da ci dian' ping jia 我国俗语研究的新贡献——《中国俗语大辞典》评介 ["Nueva contribución en el estudio de la fraseología en China, comentarios sobre el 'Gran diccionario de dichos populares chinos'"]. *Yu wen jian she. 语文建设* ["Construcción de lengua y literatura"], N.°4, pp. 48-50.

LUJÁN, N. (1984). *Cuento de cuentos.* Barcelona: Ariel.

LUO, Zhufeng [罗竹风] (dir.) (1997). *Han da cheng yu da ci dian 汉大成语大词典* ["*Handa* gran diccionario de *chengyu*"]. Shanghai: Han yu da ci dian chu ban she. 上海: 汉语大词典出版社.

LUQUE TORO, L. (2009a). *Diccionario Contextual de locuciones preposicionales.* Granada: Granada Lingvistica.

LUQUE TORO, L. (2009b). "Aspectos mentales y culturales en las locuciones preposicionales entre francés y español". In: *La lingüística como reto epistemológico y como acción social.* Madrid: Arco Libros, pp. 1095- 1103.

MA, Qinghua [马清华] (2000). *Yin yu yi yi de qu xiang yu wen hua ren zhi 隐喻意义的取向与文化认知* ["La selección de significado metafórico y la cognición cultural"]. *Wai yu jiao xue yu yan jiu chu ban she 外语教学与研究* ["Investigación y enseñanza de lenguas extranjeras"], N° 4, pp. 267-272.

MAO, Jinli [毛金里] (dir.) (1991). *Xian dai xi han han xi ci dian 现代西汉汉西词典* ["Diccionario moderno Español-chino & Chino-español"]. Beijing: Wai yu jiao xue yu yan jiu chu ban she. 北京: 外语教学与研究出版社.

MAO, Jinli [毛金里] (dir.) (2011). *Xi han han xi ci dian 西汉汉西词典* ["Diccionario Español-chino & Chino-español"]. Beijing: Shang wu yin shu guan. 北京: 商务印书馆.

MARTINET, A. (1967). *Éléments de linguistique générale.* Paris: Colin.

MATEOS, F. (1972). *1000 refranes chinos - florilegio de refranes chinos* [中国谚语一千首]. Madrid: Asociación Española de Orientalistas.

MATEOS, F.; OTEGUI, M. & ARRIZABALAGA, I. (1977). *Diccionario español de la lengua china.* Madrid: Espasa Calpe.

MEI, Jiaju [梅家驹] (dir.) (1999). *Xiàn dài hàn yǔ dā pèi cí diǎn 现代汉语搭配词典* ("Diccionario de Colocaciones Chinas Modernas"). Shanghai: Han yu ci dian chu ban she. 上海:汉语词典出版社.

MEL'ČUK, I. (1998). "Collocations and Lexical Functions". In: Cowie, A. P. (ed.), *Phraseology. Theory, Analysis, and Applications.* Oxford: Clarendon Press, pp. 23-53.

MELLADO BLANCO, C. (2000). "Formas estereotipadas de realización no verbal en alemán y español: los cinegramas desde un enfoque contrastivo-histórico". In: Corpas Corpas Pastor, G. (ed.), *Las lenguas de Europa: estudios de fraseología, fraseografía y traducción.* Granada: Comares, pp. 389-410.

MONTORO DEL ARCO, E. T. (2008). "*Relaciones entre morfología y fraseología: las formaciones nominales pluriverbales*". In: Almela, R. & Montoro, E.T. (eds.), *Neologismo y morfología,* Murcia: Universidad de Murcia.

NI, Baoyuan [倪宝元] (dir.) (2001). *Han yu chengyu shi yong ci dian 汉语成语实用词典* ["Diccionario de uso de *Chengyu* chino"]. Beijing: Han yu da ci dian chu ban she 北京: 汉语大词典出版社.

NI, Huadi; SOLÁ, E. & LI, Jing [倪华迪, 索拉, & 李静]. (dirs.) (1989). *Diccionario de argot español-chino* [西汉俚语

词典].Taibei: Zhong yang tu shu chu ban she. 台北: 中央图书出版社.
NING, Ju [宁榘] (dir.) (1980). *Yan yu• ge yan• xie hou yu 谚语•格言•歇后语* ["Refranes, máximas y dichos pareados chinos"]. Wu Han: Hu bei ren min chu ban she. 武汉: 湖北人民出版社.
PAMIES, A. (2001). "Sémantique cognitive, lexicologie multilingue et traduction". In : Cherednychenko, O. (ed.), *Movni kontseptual'nyï kartyny svitu*. Kyïv: Universitet Taras Shevchenko, pp. 344-352.
PAMIES, A. (2002). "Modelos icónicos y archimetáforas: algunos problemas metalingüísticos en el ámbito de la fraseología". *Language Design*, N° 4, pp. 9-20.
PAMIES, A. (2007a). "De la idiomaticidad y sus paradojas". In : Germán Conde (ed.), *Nouveaux apports à l'étude des expressions figées*. Cortil-Wodon (Belgique): InterCommunications & E.M.E. (Collection Proximités – Didactique), pp. 173-204.
PAMIES, A. (2007b). "El lenguaje de la lechuza: apuntes para un diccionario intercultural". In: Luque, J. d. D & Pamies, A. (eds.), *Interculturalidad y lenguaje: El significado como corolario cultural*. Granada: Granada Lingvistica / Método, vol. 1, pp. 375-404.
PAMIES, A. (2007c). "Spanish Phraseography". In: Burger, H.; Dobrovol'skij, D.; Kühn; P. & Norrick; N. (eds.): *Phraseologie: ein internationales Handbuch zeitgenössischer Forschung/ Phraseology: An International Handbook of Contemporary Research*. Berlin: Mouton DeGruyter (coll, Handbooks on Linguistics and Communication Science) vol. 2, pp. 986-998.
PAMIES, A. (2014a). "A metáfora gramatical e as fronteiras (internas e externas) da fraseologia", *Revista de Letras*, vol.33, N° 1, pp. 51-77.
PAMIES, A. (2014b). "El algodón no engaña: algunas observaciones sobre la motivación en fraseología". In: Durante, V. (ed.), *Fraseología y paremiología: enfoques y aplicaciones*. Madrid: Instituto Cervantes, pp. 33-50.
PAMIES, A. (2016). "Metafora grammaticale e metafora lessicale: implicazioni teoriche per la fraseologia". In: Dal Maso, E. & Navarro, C. (ed.), *Gutta cavat lapidem*.

Indagini fraseologiche e paremiologiche, Mantova: Universitas Studiorum: 87-120.
PAMIES, A. & IÑESTA, E. M. (1999). "Some considerations about multilingual phraseology: the concept of injustice". *Acta Lingvistica*, N° 3 (Banska Bystrica), pp.23-32.
PAMIES, A. & IÑESTA, E. M. (2000). "El miedo en las unidades fraseológicas: enfoque interlingüístico", *Language Design*, N° 3, pp.41-76.
PAMIES, A.; LOZANO, W. C. & CORTINA, B. (2006). "Las metáforas del alcohol: contraste translingüístico e intercultural". In: Mellado Blanco, C. & González Rey, M. I. (eds.), *Congreso Internacional de Fraseología y Paremiología*, Santiago de Compostela, sept. 2006.
PAMIES, A.; PAZOS, J. M. & GUIRAO, J. M. (2013). "Dárselas de fraseólogo vs. ir de fraseólogo por la vida: indagación experimental sobre el verbo desemantizado". In: Pamies, A. (ed.), De Lingüística, traducción y léxico-fraseología: homenaje a Juan de Dios Luque Durán. Granada: Comares, pp. 489-512.
PAMIES, A. & RODRÍGUEZ SIMÓN, F. (2005). *El lenguaje de los enfermos. El lenguaje de los enfermos: Metáfora y fraseología en el habla espontánea de los pacientes.* Frankfurt am Main: Peter Lang.
PAN, Youping (2006). *A contrastive Study of Colour Metaphors between English and Chinese* Tesis doctorado. Universidad de Ning Bo.
PAZOS BRETAÑA, J. M. & PAMIES, A. (2008). "Combined statistical and grammatical criteria for the retrieval of phraseological units in an electronic corpus". In: Granger, S. & Meunier, F. (eds.), *Phraseology. An interdisciplinary perspective.* Amsterdam: John Benjamins, pp.391-406.
PENADÉS, I. & DÍAZ, M. T. (2008). "Hacia la noción lingüística de motivación", en Álvarez de la Granja, M. (ed.), *Lenguaje figurado y motivación.* Frankfurt: Peter Lang, pp. 51-68.
PENAS IBÁÑEZ, M. A. & XIAO, Yanhong (2013-2014). Metáfora y fraseología: Estudio tipológico contrastivo entre chino y el español *Cauce: Revista de filología y su didáctica*, N°. 36-37, pp.207-235.

PENG, Zeng'an [彭增安] (1998). "Yin yu de zuo yong ji zhi" 隐语的作用机制 ["El mecanismo activo de la metáfora"]. Shanghai: Xiu ci xue xi 修辞学习 ["Estudio de la retórica"], N°. 2, pp. 29-30.
PERNY, P. (1869). *Proverbes chinois, recueillis et mis en ordre par P. Perny*. Paris: Firmin-Didot frères, fils et Cie.
PERNY, P. (1873-1876). *Grammaire de la langue chinoise orale et écrite*. Paris: Maisonneuve: E. Leroux.
QUIROGA MURGUÍA, P. (2006). "Discurso literario y traducción: la fraseología contrastiva italiana y española", *Actas del I Congreso Internacional de Análisis del Discurso: lengua, cultura, valores*. Madrid: Arco Libros, pp. 2025-2036.
RAMÍREZ BELLERÍN, L. (1999). *Del carácter al contexto: teoría y práctica de la traducción del chino moderno*. Barcelona: Servei de Publicaciones de la Unviersitat Autònoma de Barcelona.
RICHARDS, I. A. (1936). The Philosophy of Rhetoric. London: Oxford University Press.
RUIZ GURILLO, L. (1997). *Aspectos de fraseología teórica española*. Valencia: Cuadernos de Filología.
SECO, M., ANDRÉS, O. & RAMOS, G. (2009). *Diccionario fraseológico documentado del español actual*: Locuciones y modismos españoles (DFDEC). Madrid: Aguilar-Santillana.
SEVILLA MUÑOZ, J. & SEVILLA MUÑOZ, M. (2004a). "La técnica actancial en la traducción de refranes y frases proverbiales". *El Trujamán*, Centro Virtual del Instituto Cervantes [disponible en Internet: http://cvc.cervantes.es/trujaman/anteriores/noviembre_04/08112004.htm].
SEVILLA MUÑOZ, J. & SEVILLA MUÑOZ, M. (2004b). "La técnica temática en la traducción de refranes y frases proverbiales". *El Trujamán*. Centro Virtual del Instituto Cervantes [disponible en Internet: [http://cvc.cervantes.es/trujaman/anteriores/noviembre_04/24112004.htm].
SEVILLA MUÑOZ, J. & SEVILLA MUÑOZ, M. (2005a). "La técnica sinonímica en la traducción de refranes y frases proverbiales". *El Trujamán*, Centro Virtual del Instituto Cervantes [disponible en Internet:

[http://cvc.cervantes.es/trujaman/anteriores/marzo_05/03032005.htm].

SEVILLA MUÑOZ, J. & SEVILLA MUÑOZ, M. (2005b). "La traducción de paremias populares: el refrán y la frase proverbial". *El Trujamán*, Centro Virtual del Instituto Cervantes [disponible en Internet: http://cvc.cervantes.es/trujaman/anteriores/septiembre_05/02092005.htm].

SEVILLA MUÑOZ, J. (1993). "Las paremias españolas: clasificación, definición y correspondencia francesa". Madrid: *Paremia*, Nº 1, pp.15-20.

SEVILLA MUÑOZ, J. (1997). "Fraseología y traducción". *Thélème: Revista complutense de estudios franceses*, Nº 12, pp. 431-440.

SHI, Junhan [史均翰] (1988). "Han yu cheng yu ding yi xin jie" 汉语成语定义新解 ["Nuevas explicaciones sobre los *Chengyu* chinos"]. *Nan du xue tan* 南都学坛 ["foro académico de Nandu"], Nº 1.

SHI, Shi & ZHAO, Peiyu [史式 & 赵培玉] (dirs.) (2002). *Han yu xin cheng yu ci dian*: 1919-2001 汉语新成语词典: 1919-2001. ["Diccionario de nuevas frases hechas en chino: 1919-2001"]. Chongqing: Chongqing chu ban she. 重庆: 重庆出版社.

SHU, Dingfang [束定芳] (1996). "Shi lun xian dai yin yu xue de yan jiu mu biao, fang fa he ren wu" 试论现代隐喻学的研究目标，方法和任务 ["Los objetivos, los métodos y las tareas en el studio moderno de la metáfora"]. *Wai guo yu* 外国语 ["Lenguas extranjeras"], Nº 2: 9-16.

SHU, Dingfang [束定芳] (2000). "Yin yu xue yan jiu" 隐喻学研究 ["Estudio de la metáfora"]. Shanghai: Shanghai wai yu jiao yu chu ban she. 上海:上海外语教育出版社.

SONG, Zhenhua & WANG, Jinzheng [宋振华 & 王今铮] (1979). *Yu yan xue gai lun* 语言学概论 ["Introducción a la lingüística"]. Changchun: Jilin ren m in chu ban she. 长春: 吉林人民出版社.

SOSÍNSKI, M. (2006). *Fraseología comparada del polaco y del español: su tratamiento en los diccionarios bilingües*. Tesis doctoral, Universidad de Granada.

SUN, Weizhang [孙维张] (1989). *Han yu shu yu xue 汉语熟语学* ["La fraseología china"]. Changchun: Jilin jiao yu chu ban she. 长春: 吉林教育出版社.

SUN, Yizhen [孙义桢] (dir.) (2008). *Xin shi dai xi han da ci dian 新时代西汉大词典* ["Nueva era del gran diccionario español-chino"]. Beijing: Shang wu yin shu guan. 北京: 商务印书馆.

SUN, Yizhen [孙义桢] (dir.) (2010). *Xin xi han ci dian 新西汉词典* ["Nuevo diccionario español-chino"]. Shanghai: Shang hai yi wen chu ban she. 上海: 上海译文出版社.

TANG, Minquan [唐民权] (dir.) (1991). Xi ban ya yu cheng yu dian gu xiao ci dian 西班牙语成语典故小词典 ["Pequeño diccionario de modismos y alusiones clásicas de la lengua española"]. Beijing: Shang wu yin shu guan. 北京: 商务印书馆.

TIMOFEEVA, L. (2008). *Acerca de los aspectos traductológicos de la fraseología española*. Tesis doctoral. Universidad de Alicante.

TSANG, S. C. (2009). "Metaphor, culture and conceptual systems: A case study of sex metaphors in a Hong Kong Chinese newspaper". *Language and Communication Papers*, Nº 2, pp: 1–16.

VINOGRADOV, V. V. (1947). Русский язык. (Грамматическое учение о слове), УЧПЕД- ГИЗ, Москва-Ленинград, стр. 21-28

WANG, Chun [王春] (dir.) (1991). *Zhong guo yan ci dian 中国谚语辞典* ["Diccionario de refraneros chinos"]. Xi'an: San qin chu ban she. 西安: 三秦出版社.

WANG, Dechun [王德春] (1983). *Ci hui xue yan jiu 词汇学研究* ["Estudio de la lexicología"]. Jinan: Shandong jiao yu chu ban she. 济南:山东教育出版社.

WANG, Qin & WU, Zhankun [王勤 & 武占坤] (1959). *Xian dai han yu ci hui gai yao 现代汉语词汇概要* ["Compendio de léxico chino"]. Changsha: Hu nan ren min chu ban she. 长沙: 湖南人民出版社.

WANG, Tao [王涛] et al. (dirs.) (1987). *Zhong guo cheng yu da ci dian 中国成语大辞典* ["Gran diccionario de Chengyu chino"]. Shanghai: Shang hai ci shu chu ban she. 上海：上海辞书出版社.

WANG, Wenbing & LIN, Bo [王文斌 & 林波] (2003). "Lun yin yu zhong de shi yuan zhi yuan" 论隐语中的始源之源 ["Sobre los orígenes de la fuente de la metáfora"]. *Wai yu jiao xue yu yan jiu* 外语教学与研究 ["Investigación y enseñanza de lenguas extranjeras"], N° 1, pp.9-12, 16.

WANG, Xiaoqin [王笑琴] (2005). "Cheng yu de fen lei yu jie biao" 成语的分类与界标 ["La taxonomía y los criterios de *Chengyu*"]. *She hui ke xue lun tan* 社会科学论坛 ["Foro de ciencia social"], N° 7. pp.32-33,12.

WANG, Yannong & JIAO, Pangyong [王砚农 & 焦庞颙] (dirs.) (1984). *Han yu chang yong dong ci da pei ci dian* 汉语常用动词搭配词典. Beijing: Wai yu jiao xue yu yan jiu chu ban she. 北京: 外语教学与研究出版社.

WEN, Duanzheng [温端政] (dir.) (1996 [1989]). *Zhong guo su yu da ci dian* 中国俗语大辞典 ["Gran diccionario de dichos populares"]. Shanghai: Shanghai ci shu chu ban she.上海: 上海辞书出版社.

WEN, Duanzheng [温端政] (dir.) (2004). *Zhong guo guan yong yu da quan* 中国惯用语大全 ["Gran colección de expresiones habituales"]. Shanghai: Shanghai ci shu chu ban she. 上海: 上海辞书出版社.

WEN, Duanzheng [温端政] (dir.) (2005). *Xin hua yan yu ci dian* 新华谚语词典 ["Diccionario Xin hua de refraneros chinos"]. Beijing: Shang wu yin shu guan ci shu guan. 北京:商务印书馆.

WEN, Duanzheng [温端政] (dir.) (2007). *Xin hua guan yong yu ci dian* 新华惯用语词典 ["Xinhua Diccionario de expresiones habituales"]. Beijing: Shang wu yin shu guan ci shu guan. 北京: 商务印书馆.

WEN, Shuobin & WEN, Duanzheng [温朔彬 & 温端政] (2009). *Han yu yu hui yan jiu shi* 汉语语汇研究史 ["Historia de investigación del léxico chino"]. Beijing: Shang wu yin shu guan. 北京: 商务印书馆.

WHORF, B. L. (1956). *Language, Thought and Reality*. Cambridge, MA: Technology Press of Massachusetts Institute of Technology.

WIERZBICKA, A. (1996). Semantics: Primes and Universals. New York: Oxford University Press.

WIERZBICKA, A. (1998). "*Sadness* and *anger* in Russian: the non-universality of the so-called 'basic human emotion". In: Athanasiadou, A. & Tabakowska, E. (eds.), *Speaking of Emotions. Conceptualisation and Expression.*

WIERZBICKA, A. (1999). "Emotional Universals". *Language Design*, Nº 4, pp.23-69.

WIERZBICKA, A. (2000). "Primitivos semánticos y universales léxicos: teoría y algunos ejemplos". In: Pamies, A. & Luque Durán, J. d. D. (eds), *Trabajos de lexicología y fraseología contrastivas*. Granada: Método, pp.1-28.

WU, Fan (2014). *La fraseología en chino y en español: caracterización y clasificación de las unidades fraseológicas y simbología de los zoónimos un estudio contrastivo.* (tesis doctoral). Madrid: Universidad Autónoma de Madrid.

WU, Zhankun & MA, Guofan [武占坤 & 马国凡] (dirs.) (2000). *Zhong hua yan yao yan jiu 中华谚谣研究* ["Estudio sobre las coplas y los refranes de China"]. Baoding: Hebei da xue chu ban she. 保定: 河北大学出版社.

WU, Zongwen [伍宗文] (dir.) (2006). *Xin shi ji han yu cheng yu ci dian 新世纪汉语成语词典* ["Diccionario del nuevo siglo de *chengyu* chino"]. Chengdu: Sichuan chu ban she ji tuan Sichuan ci shu chu ban she. 成都: 四川出版集团四川辞书出版社.

XIA, Zhengnong [夏征农] (dir.) (1979). *Ci yuan 辞海* ["El mar de palabras"]. Shanghai: Shanghai ci shu chu ban she. 上海:上海辞书出版社.

XIAN DAI HAN YU CI DIAN (2005, 5ª ed. [2002]). *Xian dai han yu ci dian 现代汉语词典* ["Diccionario chino moderno"]. Beijing: Shang wu yin shu guan. 北京:商务印书馆.

XIAO, Yanhong (2016). *Estudio semántico contrastivo de la metáfora en la fraseología del chino y del español* (Tesis doctoral). Universidad Autónoma de Madrid.

XIN XI HAN CI DIAN (1982). *Xin xi han ci dian 新西汉词典* ["Nuevo diccionario español-chino"]. Beijing: Shang wu yin shu guan 北京: 商务印书馆.

XU, Zhensheng [许振生] (2002). *Xin hua cheng yu ci dian 新华成语词典* ["Xinhua diccionario de *Chengyu*"]. Beijing: Shang wu yin shu guan. 北京: 商务印书馆.

XU, Zongcai & YING, Junling [徐宗才 & 应俊玲] (dirs.) (2004 [1994]). *Su yu ci dian 俗语词典* ["Diccionario de dichos populares"]. Beijing: Shang wu yin shu guan. 北京:商务印书馆.

XU, Zongcai & YING. Junling [徐宗才 & 应俊玲] (dirs.) (1985). *Guan yong yu li she 惯用语例释* ["Estudios con ejemplos de dichos habituales"]. Beijing: Beijing yu yan xue yuan chu ban she. 北京: 北京语言学院出版社.

YANG, Jun [杨军] (1996). "Lun yin yu de ren zhi zuo yong" 论隐语的认知作用 ["Estudio sobre la función cognitiva de la metáfora"]. *Xiu ci xue xi 修辞学习* ["Estudio sobre la retórica"], N.º1, pp. 1-2.

YAO, Xiyuan [姚锡远] (2013). *Shu yu xue gang yao 熟语学纲要* ["Nociones generales de la fraseología china"]. Zhengzhou: Da xiang chu ban she. 郑州: 大象出版社.

YU, Jinchun & SUN, Mengmei [余金淳 & 孙梦梅] (dirs.) (2004). *Han Yu Cheng Yu Ci Dian 汉语成语词典* ["Diccionario chino de frases hechas"]. Beijing: Shang wu yin shu guan guo ji you xian gong si. 北京: 商务印书馆国际有限公司.

YU, Ning (1998). *The Contemporary Theory of Metaphor: A perspective from Chinese.* Amsterdam and Philadelphia: John Benjamins Publishing Company.

ZENG, Zifan [曾子凡] (2008). *Gang yue yu guan yong yu yan jiu 港粵語慣用語研究* ["Estudio sobre los dichos de uso habitual en la lengua cantonesa"]. Kongkong: Xiang gang cheng shi da xue chu ban she. 香港: 香港城市大学出版社.

ZHANG, Shoukang & LIN, Xingguang [张寿康 & 林杏光] (dirs.) (1992). *Xian dai han yu shi ci da pei ci dian 现代汉语实词搭配词典* ["Diccionario de colocaciones de palabras de contenido en el chino moderno"]. Beijing: Shang wu yin shu guan 北京: 商务印书馆.

ZHAO, Yanfang [赵艳芳] (1995). "Yu yan de yin yu ren zhi jie gou: wo men lai yi sheng cun de yin yu ping jie" 语言的隐喻认知结构—《我们赖以生存的隐喻》评介 ["La estructura cognitiva de la metáfora: Reseña de *Metaphor We live By*"]. *Wai yu jiao xue yu yan jiu* 外语教学与研究 ["Investigación y enseñanza de lenguas extranjeras"], Nº 3: 67-72.

ZHAO, Yanfang [赵艳芳] (2000). *Ren zhi yu yan xue gai lun* 认知语言学概论 ["Introducción a la Lingüística Cognitiva"]. Shanghai: Shang hai wai yu jiao yu chu ban she. 上海: 上海外语教育出版社.

ZHENG, Xuanmu [郑宣沐] (dir.) (1988). *Gu jin cheng yu ci dian* 古今成语词典 ["Diccionario de *Chengyu* antiguos y modernos"]. Beijing: Zhong hua shu ju. 北京: 中华书局.

ZHONG HUA GE YAN CI DIAN (2009). *Zhong hua ge yan ci dian* 中华格言词典 ["Diccionario de proverbios chinos"]. Beijing: Zhong hua shu ju. 北京: 中华书局.

ZHOU, Jian [周荐] (1998). *Ci hui xue wen ti* 词汇学问题 ["Las cuestiones de lexicología"]. Tianjin: *Tian jin gu ji chu ban she.* 天津: 天津古籍出版社.

ZHOU, Jian [周荐] (2014). *Han yu ci hui jie gou lun* 汉语词汇结构论 ["Estudio sobre la estructura de léxico chino"]. Shanghai: Shanghai ci shu chu ban she. 上海: 上海辞书出版社.

ZHOU, Rui (2010). *Dong bin shi guan yong yu yan jiu* 动宾式惯用语研究 ["Estudio sobre las frases hechas Verbo+Nombre"]. Trabajo de fin de master. Hunan: Universidad de Xiang tan. 湖南: 湘潭大学.

ZHOU, Zumo [周祖谟] (1959). *Han yu ci hui jiang hua* 汉语词汇讲话 ["Discurso sobre el léxico chino"]. Beijing: Ren min jiao yu chu ban she. 北京: 人民教育出版社.

ZHU, Anqun [朱安群] (dir.) (1981). *Gu jin yan yu* 古今谚语 ["Refraneros antiguos y modernos"]. Nanchang: Jiangxi ren min chu ban she. 南昌: 江西人民出版社.

ZHU, Feng & FELLBAUM, C. (2014). "Automatically Identifying Chinese Verb-Noun Idiomatic Collocations". In: Dalmas, M.; Piirainen, E. & Filatkina, N. (eds.), *Figurative Sprache - Figurative Language -*

Language figuré. Festgabe für Dmitrij O. Dobrovol'skij. Tübingen : Stauffenburg Verlag. (Alemania), pp. 187-200.

ZONG, Hao [宗豪] (dir.) (2002). *Xie hou yu xin bian 歇后语新编* ["Nuevo diccionario de dichos pareados chinos"]. Nanning: Guangxi renzu chu ban she. 南宁：广西民族出版社.

ZULUAGA OSPINA, A. (1980). *Introducción al estudio de las expresiones fijas.* Frankfurt: Peter Lang.

www.ingramcontent.com/pod-product-compliance
Lightning Source LLC
Chambersburg PA
CBHW071125090426
42736CB00012B/2017